ONE
FOR
SOLITUDE
TWO
FOR
FRIENDSHIP
THREE
FOR
SOCIETY

biography

THREECHAIRS COMPANY

서울시 종로구 평창문화로 51, 5F
TEL 02 396 6266 FAX 070 8627 6266
WWW.BIOGRAPHYMAGAZINE.KR
CONTACT@BIOGRAPHYMAGAZINE.KR

CREATIVE DIRECTION & COPY
이연대
LEE YEONDAE

ART DIRECTION & ILLUSTRATION
전지영
JEON JIYOUNG

EDITING
이연대
LEE YEONDAE
허설
HUH SEOL
손소영
SON SOYOUNG

PHOTOGRAPHERS
모니카 루비오
MONICA RUBIO
김경두
KIM GYEONGDU
이민지
LEE MINJI

TRANSLATION
홍석현
HONG SEOKHYEUN

EXECUTIVE ADVISOR
손현우
SON HYUNWOO

CONTRIBUTORS
박현빈
PARK HYUNBIN
심중선
SIM JUNGSUN
이상헌
LEE SANGHEON
이진수
LEE JINSOO

THANKS
권형택
KWON HYOUNGTAEK
김민준
KIM MINJUN
김영룡
KIM YOUNGRYONG
김영춘
KIM YEONGCHUN
소중희
SO JUNGHUI
유성훈
YOO SUNGHOON
유지혜
YOO JIHYE
윤세인
YOON SEIN
이세영
LEE SEYEONG
정홍석
JEONG HONGSEOK
차숙희
CHA SUKHUI

DISTRIBUTION
(주)날개물류

PRINTING
(주)스크린그래픽

PUBLISHING
(주)스리체어스
THREECHAIRS
도서등록번호
종로 마00071
출판등록일
2014년 7월 17일

**JAN FEB 2015
ISSUE 2
KIM BOO-KYUM**

ISSN
2383-7365
ISBN
979-11-953258-2-5 04050
979-11-953258-0-1(세트)

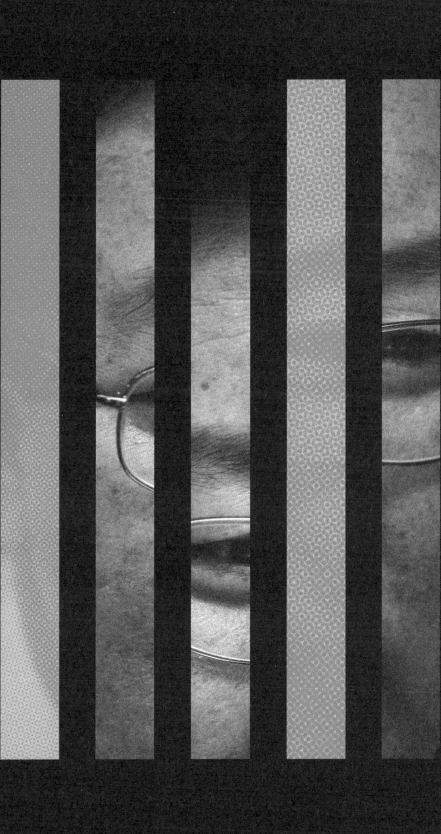

고향친구들은그에게
빨갱이라고힐난했다다시
돌아온민주진영에
서는한나라당출신이
라고손가락질했다대구에
민주당기호를달고출마했다
두번나와두번모
두떨어졌다김부겸은
경계인이다

R A

M A

G I

A

M

L

M A N

preface

1961년 9월 아르헨티나 작가 호르헤 루이스 보르헤스(1899~1986)는 보름 동안 중국을 여행했다. 베이징에서 국내선 비행기로 갈아타고 다시 기차와 트럭을 이용해 도착한 곳은 신장웨이우얼 자치구의 허텐이었다. 타클라마칸 사막의 남서쪽에 자리한 허텐은 동서 교역의 오랜 중심지였다. 그곳에서 보르헤스는 현지인의 전통 가옥에 머물며 색다른 문화를 체험한다.

파란 눈의 외국인을 처음 본 허텐 주민들은 보르헤스의 꽁무니를 따라다녔다. 잘게 썬 양고기를 가져와 말없이 건네는 이도 있었다. 보르헤스는 아르헨티나의 칙사라도 된 듯 융숭한 대접을 받았다. 그러기를 며칠이었다. 하루는 그의 방 앞에 그림자가 어른거렸다. 한나절을 걸어 보르헤스를 보러 온 옆 마을 사람들이었다. 그들은 얼굴이 작고 눈이 빛나는 청년을 앞세우고 있었다. 베이징에서 대학을 다녔다는 청년은 영어가 제법 유창했다. 말상대가 필요했던 보르헤스는 크게 기뻐했다. 현지인들과 대화하며 보르헤스는 한 가지 재미있는 사실을 발견했다. 청년에 따르면 허텐 지역에선 예로부터 동물을 다음과 같이 분류하고 있었다.

(a)황제에 속하는 동물 (b)향료로 처리하여 방부 보존된 동물 (c)사육동물 (d)젖을 빠는 돼지 (e)인어 (f)전설상의 동물 (g)주인 없는 개 (h)이 분류법에 포함되는 동물 (i)광폭한 동물 (j)셀 수 없는 동물 (k)낙타털과 같이 미세한 붓으로 그려질 수 있는 동물 (l)기타 (m)물 주전자를 깨트리는 동물 (n)멀리서 볼 때 파리같이 보이는 동물.

머리가 하얗게 센 노인이 청년의 입을 빌려 말했다. "내가 키우는 동물은 h, k, m, n에 속하지요." 노인이 말한 동물은 사막 고양이였다. 보르헤스는 귀국하는 대로 기묘한 동물 분류법에 대한 산문을 써야겠다고 생각했다.

1963년 4월 프랑스 철학자 미셸 푸코(1926~1984)는 보르헤스의 에세이집을 펼쳐 들었다. 〈존 윌킨스의 분석적 언어〉라는 짧은 글이 눈길을 끌었다. 서구의 과학적 사고를 해체하는 기막힌 동물 분류법에 푸코는 웃음을 참지 못했다. 한바탕 웃고 났을 때 문득 전복적 발상이 머리를 스쳤다. 학창 시절 그는 주류에서 배제된 성 소수자였다. 성 정체성 혼란으로 자살을 시도하고 정신과 치료를 받기도 했다. 그때를 떠올리며 푸코는 생각했다.

'마치 중국의 동물 분류법처럼 우스꽝스런 분류법에 따라 내가 치료받아야 할 대상으로 규정되었던 건 아닐까. 그렇다면 그 분류 체계는 누가 어떻게 고안한 것일까. 개별적 삶의 양상에 불과하던 성적 성향이 병리학자에 의해 의학 사례로 수집되고 분석되면서 이제껏 멀쩡하던 사람들이 환자로 정의되고 각종 약물을 처방받게 된 건 아닐까. 나는 이미 《광기의 역사》에서 이성이 자행한 차별과 배제의 역사를 분석했다. 과학으로 대표되는 서구적 이성은 절대적 진리가 아니다. 우리의 인식과 이해 너머에 있는 이질적 사유를 통해 서구 이성에 균열을 가하고 사물의 질서를 재편해야 한다.'

푸코의 생각은 가지처럼 뻗어 나갔다. 유럽 주류 사회의 이성적 사유에 이질적 의문을 던진 그의 명저 《말과 사물》은 이렇게 탄생했다.

우리는 언어 기호를 통해 외부 세계를 인식한다. 창세기 1장 3절 "빛이 있으라 하시니 빛이 있었고"처럼 대상이 있어서 언어가 있는 것이 아니라 언어가 있어서 대상이 있는 것이다. 예컨대 우리말은 나비와 나방을 구분하여 말하지만 프랑스어에서는 모두 파피용 Papillon이라 한다. 우리 사고는 기표와 기의의 관계에 의해서만 작동하며, 모든 의미들은 의미의 대상이 아니라 의미를 모사한 언어의 망 속에만 존재한다. 그리고 언어의 망은 당대 지식의 다발인 담론에 의해 재구성된다.

푸코의 사유에서 보듯 정상과 비정상을 가르는 잣대는 정신 병리학이란 담론을 통해 형성된 것으로 만고불변의 진리가 아니다. 담론은 대상을 분류하고 정의하여 우리 사고를 제한하고 행동을 강제한다. 합리적 이성은 추호도 의심받지 않고 금지와 배제, 억압을 자행한다. 정치, 경제, 사회, 문화 등 모든 분야는 보이지 않는 담론에 구속되어 있다.

왜곡된 담론의 지배를 벗어나는 길은 비틀린 기준을 바로잡는 것이 아니다. 다만 담론 바깥의 이질적 사유를 통해 담론의 허구성을 밝히고 전복하는 것이다.

이번 호에서는 김부겸 전 국회의원을 만났다. 한번은 그가 "그 넓은 민주당사에 경상도 사투리 쓰는 사람이 나 말고 딱 두 명 더 있더라"는 자조적인 농담을 한 적이 있다. 우리는 그 말이 그의 곤고한 삶을 관통하는 말로 들렸다. '호남 세력이 주류인 정당에서 활동하는 TK 출신 정치인'이라는 명료한 정의에는 담을 수 없는 삶의 구체성을 느낀 것이다.

김 전 의원은 경북고를 나온 대구 성골이다. 그런데 그가 걸어온 길은 동향 사람들과 사뭇 달랐다. 민주당에서 정치를 시작한 그는 고향에 내려갈 때마다 '빨갱이'라는 소리를 들었다. 김대중 총재가 민주당 의원들을 데리고 나가 신당을 창당할 때 그는 따라가지 않았다. 97년 대선 직전에도 민주당에 남아 신한국당과 합당, 한나라당 창당에 합류했다. 한나라당 보수파는 그에게 'DJ당 출신'이란 딱지를 붙였다. 한나라당을 떠나 다시 돌아온 민주 진영에선 '한나라당 출신'이란 낙인을 찍었다. 그리고 지난 2012년과 2014년, 보수 정당의 텃밭 대구에 민주당 기호를 달고 나왔다. 두 번 나와 두 번 모두 떨어졌다.

김 전 의원에 대한 세간의 평은 '바보 김부겸', '아름다운 도전', '의미 있는 패배' 정도로 요약된다. 이러한 인식은 그의 정치적 결단과 행위에 의해 구축된 것으로 행위 이전의 고뇌가 충분히 반영되어 있지는 않다.

우리가 만난 김 전 의원은 삶을 사는 게 아니라 삶을 앓았던, 한국 정치사의 경계인境界人이었다. 그는 진보와 보수, 호남과 영남의 경계에서 정치를 해 왔다. 극심한 이념 대립 속에서 경계를 허물어 양극단을 교통시킬 수 있는 사람은 이제껏 정치적 타자 혹은 이방인으로 살아온 사람일 것이다. 김부겸을 읽어야 할 이유가 여기에 있다.

시공간적 경계가 흐릿해진 현대 사회에서 역설적으로 심적 경계와 분절을 겪고 있는 많은 이들이 김 전 의원의 삶을 통해 자신을 돌아보고 스스로 치유할 수 있는 계기가 되기를 바란다. 사회, 문화적으로 어디에도 소속감을 느끼지 못하는 소외된 개인이 늘어나면서 경계인이 다수가 되는 역전 현상이 발생할 가능성도 없지 않다. 그때는 안과 밖을 구분하는 경계가 안과 밖을 연결하는 통로이자 길목으로 기능할 것이다.

글의 첫머리에 기술한 보르헤스와 푸코의 일화는 사실과 허구가 뒤섞여 있다. 보르헤스의 소설 〈존 윌킨스의 분석적 언어〉에 등장하는 가상의 중국 백과사전 이야기를 다시 가상으로 재구성했다. 의심하지 않는 독자에게 편집인의 허위 진술은 담론이 된다. **b**

ISSUE 2
JAN FEB 2015
KIM BOO-KYUM

P

PORTRAITS

의회주의자
김부겸의
정치 활동상을
화보에
담았다

P.036

U

UNDERSTANDING

김부겸을
읽기 전에
알아야 할
한국 정치사의
주요 장면을
소개한다

P.022

P

PREFACE

지배 담론이
전복되는 순간
안과 밖을 구분하는
경계는 안과 밖을
연결하는
길목이 된다.
김부겸은
경계에 서 있다

WORDS BY
LEE YEONDAE,
PUBLISHER

P.016

IMPRESSION

김부겸의
첫인상을
그래픽 화보로
살펴본다

P.008

T

TALKS AND
TALES

서울과 대구에서
시민들을 만났다.
김부겸에 대한
다양한 생각을
들었다

P.034

022

understanding

우리나라 기업은 일류, 정부는 이류, 정치는 삼류라는 말이 있다. 군부 독재와 정경유착, 부정부패를 빼고는 한국 정치사를 논하기 어렵다. 그러나 1948년 8월 15일 대한민국 정부 수립 이후 우리 정치가 줄곧 삼류이기만 했다면 오늘날의 눈부신 번영은 불가능했을 것이다. 격동의 한국 정치사를 열 장면으로 소개한다.

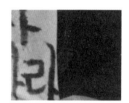

024

4·19 혁명

1960. 4. 19.

1960년 4월 11일 마산상고 1학년 김주열의 시체가 마산 앞바다에서 발견되었다. 이승만 정권의 부정 선거를 규탄하는 시위에 나섰다가 행방불명된 김주열의 오른쪽 눈에는 최루탄이 뒤통수까지 박혀 있었다. 분노한 시민들은 거리로 뛰쳐나왔고 대학생들은 대규모 시위를 감행했다. 4월 19일 10만 인파가 대오를 이루어 이승만 대통령의 하야를 요구했다. 경찰은 시위대에 총격을 가했다. 이날에만 115명이 죽고 730명이 다쳤다. 4월 26일 이승만 대통령은 하야 성명을 발표했다. 28일에는 이기붕 부통령 일가가 집단 자살했다. 자유당의 12년 집권도 끝났다.

5·16 군사정변

1961. 5. 16.

이승만의 자유당 정권이 무너지고 과도 정부가 들어섰다. 내각 책임제로 개헌한 뒤 실시된 총선거에서 야당이던 민주당
이 압승을 거두었다. 대통령에 윤보선, 국무총리에 장면이 선출되었다. 1960년 8월 12일 출범한 제2공화국은 오래가
지 못했다. 1961년 5월 16일 박정희 소장과 김종필 중령을 중심으로 한 군인들은 군사 정변을 일으켰다. 국회는 해산
되었고 국가재건최고회의가 들어섰다. 대통령제로 개헌한 박정희 의장은 민주공화당을 창당하여 대통령 후보로 나섰
다. 1963년 10월 15일 제5대 대통령 선거에서 민정당의 윤보선을 누르고 당선되었다.

지역주의의 서막

1971. 4. 27.

1965년 11월 전라도와 강원도에서 시판되는 아리랑담배의 필터만 질이 낮은 제품이라는 사실이 밝혀졌다. 이듬해 추경예산 심사에서는 33개의 양수장 중 22개가 경상도에 배정되고 전라도는 단 1개만 배정되어 논란이 일었다. 1967년 대통령 선거에서 신민당 윤보선 후보는 지역 차별 문제를 제기했다. 그러나 이때까지만 해도 영호남 투표 성향은 큰 차이가 없었다. 1971년 대통령 선거에서 박정희와 김대중은 지역감정을 노골적으로 부추기는 선거 전략을 내세웠다. 그 이후로 우리 정치는 망국적 지역주의에서 한 발자국도 벗어나지 못하고 있다.

10·26 사태

1979. 10. 26.

1971년 대통령 선거에서 박정희는 53.2%, 김대중은 45.3%를 득표했다. 김대중이 선전하자 박정희 대통령은 1972년 10월 유신 헌법을 선포했다. 대통령 임기는 6년으로 하고 연임 제한은 삭제했다. 대통령 선거는 지역별로 선출된 통일주체국민회의 대의원들이 간선하는 방식으로 바꾸었다. 바뀐 제도로 박정희 대통령은 1972년과 1978년에 대통령 후보로 단독 출마해 당선되었다. 1979년 10월 26일 박정희 대통령은 궁정동 중앙정보부 밀실에서 만찬을 하던 중 김재규 중앙정보부장이 발사한 총탄에 맞아 숨졌다. 김재규의 범행 동기는 밝혀지지 않았다.

서울의 봄

1979. 10. 27. ~ 1980. 5. 17.

박정희 대통령 서거 직후 최규하 과도 정부는 비상계엄을 선포했다. 전두환 보안사령관은 박 대통령 피살 사건의 합동 수사본부장을 맡았다. 1979년 12월 12일 전두환 합동수사본부장을 위시한 신군부 세력은 최규하 대통령의 재가 없 이 정승화 육군 참모총장, 장태완 수도경비사령관 등을 체포했다. 군부를 장악한 전두환은 1980년 5월 17일 자정을 기해 비상계엄을 전국으로 확대하고 광주 민주화 운동을 강경 진압했다. 1980년 8월 22일 육군 대장으로 예편한 전두 환은 8월 27일 서울 장충동체육관에서 열린 대통령 간접 선거에 출마, 100%의 득표율로 당선되었다.

양김 분열

1987. 12. 16.

1987년 4월 13일 전두환 대통령은 특별 담화를 통해 간접 선거로 치러지는 기존 대통령 선출 방식을 고수하겠다고 밝혔다. 박종철 고문치사 사건의 진상이 밝혀지고 이한열이 최루탄에 맞아 숨지면서 국민적 저항이 일어났다. 1987년 6월 전국에서 대통령 직선제 개헌을 요구하는 대규모 시위가 벌어졌다. 1987년 6월 29일 집권 여당인 민주정의당의 대통령 후보 노태우는 직선제 개헌 요구를 수용했다. 민주 진영의 대선 승리가 유력했지만 김영삼과 김대중이 후보 단일화에 실패하면서 노태우가 36.6%의 득표율로 당선되었다. 양김의 합산 득표율은 55%였다.

3당 합당

1990. 1. 22.

1988년 국회의원 선거에서 집권 여당인 민주정의당은 과반수 의석 확보에 실패했다. 노태우 대통령은 여소야대 정국을 타개하기 위해 통일민주당의 김영삼 총재, 신민주공화당의 김종필 총재와 3당 합당을 추진하여 1990년 1월 22일 민주자유당을 출범시켰다. 이기택, 노무현, 김정길 등 통일민주당 일부 의원들과 박찬종, 이철 등 무소속 의원들은 '정치적 야합'이라며 3당 합당에 반대하고 민주당을 창당했다. 1992년에 치러진 대통령 선거는 호남 고립 구도가 형성되면서 여당 후보로 나선 김영삼이 당선되었다. 대선 직후 김대중은 정계 은퇴를 선언했다.

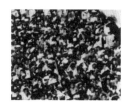  

031

김대중 대통령 당선

1997. 12. 18.

1995년 7월 18일 김대중은 정계에 복귀했다. 동교동계 의원들은 민주당을 탈당, 새정치국민회의를 창당하고 김대중을 총재로 추대했다. 1997년 대통령 선거를 두 달 앞두고 김대중은 자유민주연합 김종필과 이른바 'DJP 연합'을 성사시켰다. 김종필은 내각제 총리직을 보장받고 충청권의 표를 김대중에게 몰아주기로 했다. 집권 여당인 신한국당은 민주당과 합당하여 한나라당을 창당하고 대선 후보로 이회창을 선출했다. 호남과 충청의 연합으로 김대중은 대권 네 번째 도전 만에 대통령에 당선되었다. 김종필이 바랐던 내각제 개헌 약속은 지켜지지 않았다.

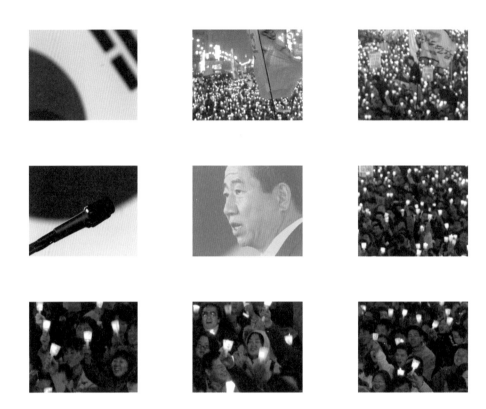

노무현 신드롬

2002. 12. 19.

2002년 새천년민주당 대통령 후보 경선에서 이변이 일어났다. 군소 후보였던 노무현은 '이인제 대세론'을 꺾고 대통령 후보로 선출되었다. 월드컵 성공 개최로 국민적 인기를 누리던 정몽준과 후보 단일화에 합의하고 여론 조사를 거쳐 단독 후보가 되었다. 대선 전날 정몽준이 지지를 철회했지만 젊은 층이 대거 투표해 노무현은 이회창을 57만 표 차이로 누르고 당선되었다. 2004년 3월 노무현 대통령은 선거 중립 의무 위반으로 탄핵 소추되었다. 탄핵 후폭풍으로 총선에서 열린우리당이 대승했고, 헌법재판소는 대통령 탄핵 심판 사건을 기각했다.

그리고 그 이후

2007. 12. 19. ~ 2012. 12. 19.

2007년 대통령 선거에서는 청계천 복원과 샐러리맨 신화를 앞세운 이명박이 압승을 거두었다. 대통합민주신당 정동영 후보와는 역대 최다인 531만 표 차이였다. 이명박 대통령은 취임 직후 미국산 쇠고기 수입 문제가 불거지면서 지지율이 급락했다. 한번 돌아선 민심은 집권 기간 내내 회복되지 않았다. 주요 20개국(G20) 정상 회의 개최, 핵 안보 정상 회의 개최 등이 주요 업적으로 꼽힌다. 2012년 대통령 선거에서는 박근혜가 당선되면서 최초의 여자 대통령, 독신 대통령, 부녀 대통령이 나왔다. 다음 대통령 선거는 2017년 12월 20일에 실시될 예정이다. **b**

관심 있게 지켜보는 정치인이다. 새정치민주연합 정치인이 새누리당 텃밭인 대구에서 고생하고 있어 안쓰러운 마음이 든다. 우리나라 사람들이 인정이 많으니 다음번에는 당선되지 않을까? 노무현 대통령 이후에 지역주의에 도전하는 정치인이 드물었는데 콘셉트를 잘 잡은 것 같다. **강신용, 서울시 마포구, 36세, 회사원**

수성구에서 국회의원에 출마했던 정치인으로 알고 있다. 대구에서 민주당 달고 나오는 건 스스로 힘든 인생을 살겠다는 결정이다. 야권에서 이름이 있다고 하는 이강철이나 유시민도 떨어진 곳이 대구다. 경상도에서 야권 정치인이 정치하는 게 그만큼 힘든 일이다. **김현삼, 대구시 중구, 53세, 철학자**

이정현이 당선됐다고 김부겸도 돼야 한다는 법은 없다. 어차피 정치인들이야 바람 타고 왔다가 바람 타고 가는 거니까. 여당이든 야당이든 누가 돼도 비슷할 거라 생각한다. 대구 국회의원들은 만날 서울에만 가 있고 대구엔 잘 내려오지도 않는다. 누구는 서울에 집 사놓고 대구에선 전세 살면서 선거 때만 되면 내려온다. **손성길, 대구시 수성구, 49세, 회사원**

김범일 시장이 있는 동안 대구에 무슨 일이 있었는지 알고 있나? 아무 일도 없었다. 10년이나 시장을 하면서 어떻게 아무 발전도 없을 수가 있나. 충청도를 보면 하루가 멀다 하고 무슨 단지가 들어서고 무슨 센터가 생기고 이러는데, 대구는 월드컵 때나 지금이나 변한 게 없다. 오히려 전매청, 토지공사 다 뺏겼다. 내가 열 살 때 상주에서 대구로 와서 이제껏 살았다. 지금까지 투표를 안 하면 안 했지 야당 찍은 적은 없다. 그런데 저번 선거에선 2번을 찍었다. 왜? 2번이 예뻐서가 아니다. 여당 정신 좀 차리라고. **송재환, 대구시 수성구, 50세, 자영업**

지난번 선거에서 굉장히 열심히 하셨던 모습을 기억한다. 나중에 보니까 목이 다 쉬었던데. 드라마에서 보던 사람이 딸이라 많이 놀랐다. 나는 여당, 야당 이런 덴 별 관심 없지만 김부겸 후보가 떨어져서 아쉬웠다. **최영이, 대구시 중구, 39세, 주부**

TALKS AND TALES

투표권은 없었지만 김부겸 후보를 응원했다. 예전부터 알고 있었다. 우리 중학교 선배다. 학교나 집에서 어른들이 잘하면 이번에 이변이 생길 수도 있다고 해서 관심을 가지게 되었다. 학교 선배라 그런 것도 있지만, 뭐랄까, 아무래도 약자니까 그런 분이 한번쯤 이겨도 좋겠다고 생각했다. **이진욱, 대구시 남구, 18세, 고등학생**

기호 2번을 왜 뽑나? 걔네들이 여기서 한 게 뭐 있다고. 텔레비전에서 백날 떠들어 봤자 우린 2번 안 찍는다. 박근혜 대통령이 고생을 얼마나 했는데. 지금도 한번 봐라. 민주당은 박근혜 대통령한테 시비 거는 거 말고 다른 건 아무것도 안 한다. 기껏해야 데모나 하지. **박순자, 대구시 남구, 54세, 자영업**

저번 선거에서 여론조사 지지율이 생각보다 높게 나오는 걸
신문에서 봤지만 김부겸이 이길 거란 생각은 안 했다.
민주당 정치인이 여기서 당선된 적이 없지 않나? 그런데 이번에
이정현이 전라도에서 당선되는 걸 보니까 다음 선거에선
가망이 있을지도 모르겠다는 생각이 들었다.
대구 사람 특징 중 하나가 빚지고는 못 사는 거다.
황선재, 대구시 달서구, 42세, 자영업

당을 떠나서 사람은 참 괜찮다. 열심히 하니까.
지난 선거에서 야당 후보로 나와 표를 많이 받았는데
민심이 반영된 것 아닐까. 첨단의료복지단지나 수성의료지구
같은 대구의 정치적 현안들을 해결해 주면 좋겠다.
김장주, 대구시 중구, 62세, 은퇴자

사진을 보니까 누군지 알겠다. 이제 기억이 난다. 영호남 갈등을 풀겠다는 취지에는 동감하지만
대구에 출마하는 것을 마치 사지에 가는 것처럼 표현하는 것은 거북스럽다.
대구 사람들도 비슷한 기분이 아닐까? 지역감정은 다른 나라에도 있는 자연스러운 현상이다.
얼마 전에 스코틀랜드도 영국 연방에서 독립하겠다고 국민 투표를 했다.
수백 년 동안 쌓여온 지역감정이 정치인 한 명 덕분에 해소될 거라고는 생각하지 않는다.
이지환, 서울시 강남구, 34세, 회사원

언론에서 김부겸과 이정현을 동급으로 비교하던데 적당히 하세요. 김부겸은 이미 3선 의원을 역임한 사람입니다.
특정 정당만 찍는 곳도 아닌 수도권에서 3선을 하면서 검증받고, 확실한 지지 기반이 있는 정치인입니다.
그럼에도 정치 인생을 희생하면서 대구에 출마한 인물입니다. 같은 경상도라도 부산과 대구는 정치 성향이 다릅니다.
그런데 이정현은 출마 당시에 초선의원, 그것도 비례대표 의원이었죠.
만에 하나라도 이기면 차세대 핵심 정치인으로 직행하는 거고, 지더라도 별로 잃을 건 없는 사람이었죠.
새정치민주연합 홈페이지 자유게시판 작성자 '티케이'

난 여야 구분 안 한다. 어디 소속이든 능력 있고 성실한 사람을 뽑아야 한다.
저번 시장 선거에서 김부겸 후보도 좋았지만 새누리당 후보가 워낙 좋았다.
새누리당 후보를 찍은 건 그 당이 좋아서가 아니라 그 후보(권영진 후보)가
마음에 들어서였다. 만약 새누리당에서 다른 후보를 냈다면
아마 김부겸 후보를 뽑았을 것이다. **박창훈, 대구시 수성구, 25세, 대학생**

솔직히 김부겸 찍을 거라고 했던 주위 분들, 행여나 박근혜 눈물 보고 마음 돌아서지 않을까 걱정입니다만
전 대구에서 김부겸 될 거라고 보진 않네요. 워낙 이곳의 성향을 잘 알고 있기도 하고, 세월호도 우리랑은 아무 상관없는
도시입니다. 젊은 엄마들 어느 정도 빼고요. 가끔은 기적을 바랄 때도 있지만 여기선 희망 없어요.
이곳은 야당이 뭔 공약을 걸어도 무조건 새누리당 지지가 답 없는 곳입니다. **82cook 작성자 '수성좌파'**

김부겸이 대구를 위해 노력한 게 무엇인가? 새정치민주연합이 대구에 해 준 게 무엇인가?
만날 TK 폭탄 예산으로 몰아서 사사건건 예산 삭감하고 지역 발전을 정체시키지 않았는가?
그대들이 정권을 쥐던 10년 동안 예산은 적었고 경제는 최악이었다.
냉정하게 말해 경북 북부는 강원도와 더불어 대한민국 최고 오지이다. 좌파 언론들은
이정현과 김부겸을 동급으로 비교하며 이정현이 호남에서 당선됐으니 다음에 김부겸도
대구에서 당선되어 지역감정을 무너뜨려야 한다고 말한다. 물론 말 자체는 맞다.
하지만 끝없는 노력과 부단한 의지, 삼고초려를 넘는 정성을 보인 이정현과 달리
김부겸과 야당은 대구에 무슨 노력과 정성을 기울였는가?
지역감정 해소를 이유로 대구에 요구하지 말고 먼저 성의부터 보이길 바란다.
신선한 닷컴 작성자 '대구시민'

biography

01

"피 끓는 학우여!"

쇳소리가 광장을 갈랐다. 학생들은 일제히 고개를 들었다.

"대학의 자유는 누구에 의해 짓밟히고 있으며 조국의 민주주의는 어떻게 압살되고 있는 가? 학원의 자유를 절규하던 학우들은 철창 속에서 울부짖고 있으며 민주주의를 염원하는 민중의 뜨거운 함성은 우리들의 과감한 투쟁을 요구하고 있다."

국사학과 3학년 연성만은 도서관 4층 창밖으로 몸을 내밀고 메가폰으로 외쳤다. 도서관 앞 광장에 모인 3천여 명의 학생들이 웅성거리기 시작했다. 입동을 지난 초겨울 바람에 등 사한 유인물이 날렸다. 긴급조치 9호가 무력화되는 순간이었다. 그곳에 정치학과 2학년 김부겸이 있었다.

1975년 5월 긴급조치 9호가 발동되면서 학내 시위는 원천 봉쇄되었다. 유신 헌법을 부정 하는 일체의 행위가 금지되었고 당국의 허가 없이는 집회마저 불가했다. 정사복 경찰 수백 명이 교내에 상주하며 학생들의 일거수일투족을 감시했다. 구호라도 한번 외치면 어디선 가 나타나 입을 틀어막고 팔을 꺾었다. 긴급조치 위반자는 영장 없이 체포할 수 있었다. 학 생들은 기동전을 버리고 새로운 시위 전술을 찾아야 했다. 1977년 11월 11일 서울대 도 서관 점거 시위는 학내 투쟁의 양상을 바꾼 최초의 대규모 진지전이었다.

권형택, 김경택, 문성훈, 양기훈, 연성만, 장기영 등 고학년 주동자 6명은 치밀한 작전을 세웠다. 먼저 두 명이 학생 식당에서 소란을 피우면 교내에 깔린 경찰들이 그쪽으로 집결할 터였다. 그 사이 다른 두 명이 점심을 먹으러 오는 학생들을 선동해서 도서관 열람실로 잠입, 점거 농성을 벌일 계획이었다. 김부겸은 중간 행동책을 맡아 열람실로 가는 통로를 확보하기로 했다.

작전은 대성공이었다. 400여 명의 학생들은 도서관 4층 열람실에 들어가 철문을 닫아걸고 농성을 시작했다. 뒤늦게 사태를 파악한 경찰은 속수무책이었다. 도서관 앞 광장에 모여든 학생들을 해산시키는 데에만 몇 시간이 걸렸다. 열람실을 점거한 학생들은 돌아가며 구호를 외치고 운동가를 불렀다. 오후 1시에 시작된 시위는 경찰이 벽을 뚫고 진입한 저녁 8시까지 계속되었다. 그날 오후 관악캠퍼스는 민주주의의 해방구였다.

당시 김부겸은 구속된 전임 회장을 대신해 서울대 농업경제학회 회장을 맡고 있었다. 이념 서클 회장에다 차기 학생회장 후보로도 내정되어 있어 사찰 기관에서 주목하고 있는 저학년 운동권 인사였다. 이번에 붙잡히면 군에 강제 징집을 당하거나 구속될 가능성이 높았다. 자칫하면 학내 운동의 명맥이 끊길 수도 있다고 판단한 선배들은 김부겸을 비롯한 차기 지도자급 후배들을 비밀 통로로 탈출시켰다.

열람실 벽을 부수고 들어온 경찰은 열람실에 있던 학생 전원을 연행했다. 도서관 서고로 내려가는 벽과 벽 사이의 틈새로 열람실을 빠져나간 김부겸은 계단에서 체포되었다. 경찰은 포위망을 뚫고 달아난 권형택을 제외한 주동자 전원과 김부겸, 이철국, 여균동 등을 구속했다. 김부겸은 닭장차에 실려 경찰서로 끌려가면서 앞으로 인생이 순탄하지 않으리라 예감했다.

김부겸은 긴급조치 9호 위반으로 징역 1년을 선고받고 안양 교도소에서 복역했다.

02

재학생 "병영 집체 훈련을 거부해서 학생들의 참여를 유도해야 합니다."

복학생 "까딱하면 대학생들의 안보 의식이 해이하다는 인상을 줄 수 있어.
국민적 동의를 얻기 어려울 거야."

재학생 "그래도 우리가 당면한 문제부터 해결하고 정치적 문제로 넘어가는 게……"

복학생 "그게 하루 이틀에 끝날 일이 아니잖아. 그럴 틈이 없어.
정치 투쟁에 신속히 돌입해야 돼."

1979년 10월 26일 박정희 대통령이 서거했다. 이듬해 봄 대학가는 교련 반대 운동을 전개했다. 당시 대학생들은 정규 과목으로 총검술을 배우고 1학년 때는 문무대에 입소해 열흘간 병영 집체 훈련을 받았다. 서울대 총학생회는 많은 학생의 참여를 이끌어 내기 위해 집체 훈련 문제를 먼저 제기한 뒤 정치 문제로 전환하려 했다. 그러나 옥고를 치르고 돌아온 김부겸을 비롯한 복학생들의 생각은 달랐다. 복학생들은 유신 헌법 철폐나 계엄 해제 같은 정치 투쟁에 보다 신속히 나서야 한다는 입장이었다. 새벽까지 이어진 논의 끝에 총학생회는 1학년을 문무대에 입소시키되 당국에는 계엄 해제를 요구하기로 했다.
이튿날인 1980년 5월 2일 서울대 아크로폴리스 광장에는 1만 2천여 명의 학생들이 운집

했다. 수원캠퍼스와 연건캠퍼스 학생들까지 모두 모인 서울대 역사상 최대의 학생 집회였다. 학생들은 총학생회를 맹렬히 비판했다. 왜 지도부에서 일방적으로 결정하는가. 처음엔 병영 훈련에 저항하는 것이 중요하다더니 번복한 이유가 무엇인가. 혹시 당국의 압력에 투항한 것은 아닌가. 총학생회는 궁지에 몰렸다. 그때 복학생 그룹의 막내 김부겸이 연단에 올랐다.

"학생 지도부에 대한 여러분의 비판은 충분히 이해합니다. 하지만 지금은 그런 작은 잘못에 연연할 때가 아닙니다. 우리 학생들마저 나서지 않는다면 군부 세력의 집권 연장을 막을 수 없습니다. 저들은 총을 앞세워 집권한 세력입니다. 누군들 두렵지 않겠습니까. 그러나 두려움을 극복해야만 민주화란 과실을 얻을 수 있습니다."

마이크를 내려놓자 환호성이 일었다. 학생들은 관악캠퍼스를 행진하며 민주화를 향한 단결된 의지를 내보였다. 이날 연설로 김부겸은 '아크로폴리스의 사자후'라는 별명을 얻는다. 집체 훈련 거부로 시작된 학내 투쟁은 민주화 요구로 이어졌다. 거리로 나온 학생들은 계엄 철폐와 군부 퇴진을 외쳤다. 1980년 서울의 봄은 그렇게 오는가 싶었다.

1980년 5월 17일 자정을 기해 신군부는 비상계엄을 전국으로 확대했다. 모든 대학에 휴교령이 내려지고 계엄군이 진주했다. 5월 18일 전남대 시위가 광주 시민 봉기로 번지자 계엄군은 실탄을 발사했다. 191명이 죽고 852명이 다쳤다. 광주를 진압한 신군부는 학생 운동 지도부에 대한 대대적 검거에 돌입했다. 김대중 내란 음모 사건에 연루된 김부겸은 신문과 방송으로 공개 수배되었다.

도피 생활은 오래가지 않았다. 김부겸은 공군 장교로 근무하던 아버지가 대구 지역 보안부대에 연행되어 조사받고 있다는 소식을 접하고 계엄사령부에 자진 출두했다. 그는 다시 안양 교도소에 수감되었다가 그해 8월 말 공소 기각으로 석방된다.

03

"이놈아. 넌 이제 가장이야, 가장. 인생이 장난이냐?"

김부겸은 대답하지 못했다. 친구 아버지는 또 말했다.

"이게 뭐하는 짓이야? 너 인마, 여기 사는 거 나한테 허락이나 받았어?"

처자식 데리고 불쑥 나타나 친구네 문간방에 이삿짐을 부렸으니 변명할 여지가 없었다. 1983년 겨울은 몹시 추웠다. 그래서 더 서러웠다.

1980년 8월 감옥을 나온 김부겸은 앞길이 막막했다. 재수해서 들어간 대학에선 제적되었고 학생 운동 전과로 취업도 여의치 않았다. 김부겸은 바람도 쏘일 겸 대학 선배 제정구가 있는 경기도 시흥시 복음자리 마을로 향했다. 복음자리 마을은 빈민 운동가 제정구 선생 (1944~1999)이 세운 철거민 마을 공동체였다. 1966년 서울대 정치학과에 입학한 제정구는 1972년 청계천 판자촌에서 도시 빈민 운동을 시작해 일생을 빈민의 벗으로 살았다. 1986년 아시아의 노벨상이라는 막사이사이상을 수상했고 1987년 양김 분열 이후 정치권에 입문해 14대, 15대 국회의원을 지냈다.

대중 운동을 격한 몸짓으로만 알았던 김부겸은 복음자리 마을에서 새로운 세상을 만난다. 제정구의 대중 운동은 거창한 이념이나 신랄한 구호가 아니었다. 다만 대중과 더불어 사는 것이었다. 제정구는 낮에는 벽돌을 한 장씩 찍어 집을 올리고 밤에는 주민들과 함께 막걸리 잔을 돌렸다. 그렇게 서로 부대끼며 철거민 공동체를 일구고 있었다. 흙먼지 날리는 아득한 황토를 바라보며 김부겸은 고향 대구로 돌아가기로 결심한다. 학생 운동의 시기도 그렇게 저물어 가고 있었다.

대구로 내려간 김부겸은 독서실을 차려 생계를 꾸리는 한편 운동권 출신 인사들과 소모임을 만들어 근현대사를 공부했다. 그러는 동안 친구의 여동생과 결혼도 하고 아이도 얻었다. 대구에 내린 뿌리가 조금씩 깊어 갔다. 그러나 1983년 9월 대구 소재 미국문화원 정문 앞에서 폭발물이 터지면서 그는 다시 격류에 휩쓸린다.

미국문화원 폭파 사건과 무관한 김부겸은 거물급 운동권 인사라는 이유만으로 세 차례나 연행되어 가혹한 조사를 받았다. "서울에 연고가 있는 너를 통해 폭발물이 반입된 것이 분명하다. 어서 자백해." 수사 당국은 그를 피의자로 몰아갔다. 돌도 지나지 않은 딸아이가 고열로 보름 넘게 입원해 있었지만 조사실 밖으로 내보내 주지 않았다. 이대로는 도저히 살 수 없었다. 1984년 1월 김부겸은 용달차에 찬장과 이불 보따리를 싣고 도망치듯 상경했다. 당장 머물 곳이 없어 종로구 부암동 고교 동창의 집으로 갔다. 친구 아버지는 어이가 없어 한동안 쓴웃음만 지었다.

부암동 문간방에서 세 식구의 서울살이가 시작되었다. 김부겸은 작은 전자 회사에 다니며 경보기를 팔았다. 회사가 망하자 은행 대출을 받아 서점을 열었다. 외상 손님이 많아 벌이는 신통치 않았다. 김부겸은 아내에게 서점 운영을 맡기고 재야 활동에 투신했다. 1985년 민주화운동청년연합(민청련)을 거쳐 1986년 민주통일민중운동연합(민통련)에서 간사로 일했다. 활동비로 주당 2만 원과 토큰 몇 개를 받고 투쟁 현장을 다니며 유인물을 뿌렸다. 생계는 온전히 아내의 몫이었다. 1985년 대학에 복학한 김부겸은 1987년 2월에 졸업했다. 입학 11년 만이었다.

04

1987년 대선에서 국민은 이기고 정치는 졌다. 군부 독재 청산과 정권 교체를 향한 국민의 여망을 저버리고 김영삼과 김대중은 후보 단일화에 실패했다. 통일민주당을 탈당한 김대중은 평화민주당을 창당해 대선 후보로 나섰다. 노태우는 역대 최저인 36.6%의 득표율로 제13대 대통령이 되었다. 양김의 합산 득표율은 55%였다. 유신 체제 하에서 단일 대오를 형성해 온 민주 진영은 양김 분열과 함께 영남과 호남으로 쪼개졌다.

예춘호, 조순형, 제정구, 유인태, 원혜영, 김부겸 등 재야인사들은 적전 분열로 정권을 헌납한 제도 야권에 대한 기대를 접었다. 대신 독자적인 진보 정당(한겨레민주당)을 창당해 3김 정치와 지역주의에 맞서기로 했다. 그러나 경북(민주정의당), 경남(통일민주당), 호남(평화민주당), 충청(신민주공화당)을 대표하는 4당 구도를 깨기엔 역부족이었다. 이듬해인 1988년 총선에서 한겨레민주당은 단 한 석을 얻었다. 김부겸은 서울 동작갑에 기호 5번을 달고 나와 5등을 했다. 득표율은 3%. 당선을 기대하고 나간 선거는 아니었지만 현실 정치의 높은 벽을 실감해야 했다.

한편 집권 여당인 민주정의당은 총선에서 과반 의석을 확보하지 못해 헌정 사상 최초의 여소야대 정국이 펼쳐졌다. 민주정의당 총재인 노태우 대통령은 물밑 협상 끝에 김영삼의 통일민주당, 김종필의 신민주공화당과 합당해 거대 여당인 민주자유당을 출범시켰다.

1991년 김부겸은 3당 합당을 거부한 이기택, 노무현, 박찬종 등이 창당한 '꼬마 민주당'에 입당하면서 제도 정치권에 입문한다. 그해 9월 '꼬마 민주당'은 김대중이 이끌던 신민주연합당(구 평화민주당)과 합당해 통합된 민주당으로 거듭난다. 김부겸은 노무현, 홍사덕 대변인 밑에서 부대변인으로 활동했다.

1992년 총선에서 김부겸은 서울 동작갑에 공천을 신청했다. 신민주연합당과 '꼬마 민주당'은 합당하면서 공천 지분을 6:4로 나누어 갖기로 했다. 김부겸은 민주계 몫으로 공천받을 예정이었다. 9시 뉴스에 공천 유력자로 보도되기도 했다. 그런데 신민계의 동교동 측근 인사가 같은 지역에 공천을 신청하면서 일이 꼬였다. 공천자 발표 전날 밤, 공천에서 탈락할 것이란 얘기가 들렸다. 김부겸은 공천 작업이 진행되고 있는 호텔로 달려갔다. 호텔 앞에서 일을 마치고 나오는 김대중과 이기택을 만났다. 이기택은 미안한지 고개를 돌렸다. 김대중은 김부겸의 손을 덥석 잡았다.

"어이, 김 동지. 미안하게 됐네. 내가 앞으로 잘 키울 테니 이번엔 섭섭해도 참게."

그때만 해도 공천은 당 총재의 전유물이었다.

1992년 대선을 한 달 앞두고 김부겸은 이선실 간첩단 사건에 연루되어 국가보안법 위반 혐의로 구속된다. 민주자유당은 이 사건을 적극 이용해 반공 표심을 자극했다. 이듬해 2월 김부겸은 대부분의 혐의를 벗고 징역 1년, 집행유예 2년으로 풀려나지만 대선은 이미 끝난 뒤였다. 김영삼에게 패한 김대중은 정계 은퇴를 선언하고 영국으로 떠난다. 김부겸은 민주당 당무기획실 부실장으로 복귀해 실장인 제정구를 보좌했다.

1995년 김대중은 정계에 복귀한다. 그러나 민주당으로 돌아오지 않고 신당 창당을 추진했다. 민주당 내 동교동계 의원들은 김대중을 따라 대거 탈당할 조짐이었다. 민주당은 통합 4년 만에 분열될 위기에 처한다. 김부겸을 포함한 재야 출신들은 장고에 들어갔다.

05

1995년 7월 서울시청 뒤 뉴서울호텔 객실에 재야 출신 민주당 정객들이 모였다. 제정구, 김근태, 유인태, 원혜영 등 20여 명의 인사들은 김대중의 신당으로 따라갈지, 민주당에 남을지를 놓고 고심하고 있었다. 모임의 막내뻘인 김부겸은 객실 구석에 앉아 토론의 추이를 지켜보았다. 누구도 선뜻 명확한 입장을 내놓지 못했다. 김대중 신당에 합류하자니 명분이 없었고 민주당에 잔류하자니 실익이 없었다. 담배 연기 사이로 긴 침묵이 흘렀다. 젊은 정치인 하나가 조심스레 입을 열었다.

"DJ를 빼고 정치 세력화를 논할 수는 없지 않겠어요?"

누군가 곧바로 말을 받았다.

"명분 없는 분당이긴 하지만 정치 현실이 그렇지 않으니…….."

이어지는 결의에 찬 목소리.

"정치 왜 합니까? 잘못된 걸 바로잡자고 하는 거 아닙니까? 그러면 힘을 가진 사람과 타협을 해야죠. 명분도 좋지만 DJ라는 현실을 인정해야 됩니다."

절반 이상이 동조하는 분위기였다. 그때였다.

"이 무슨 개수작이야!"

제정구가 탁자를 내리쳤다.

"인생은 선택이야. 어렵게 내린 선택이라고 반드시 옳은 것도 아니고, 옳은 선택이라고 좋은 결과가 보장되는 것도 아니야. 하지만 적어도 나이 마흔까지는 명분을 지켜야 하는 거라. 그 이후엔 현실을 따른다고 해도 탓할 생각은 없어. 재야 출신이란 것들이 현실적 이익에 몸이 달아서야 되겠어?"

제정구는 자리를 박차고 나갔다. 제정구의 일갈에 김부겸은 정신이 번뜩 들었다.

사실 김부겸은 적당한 분위기만 조성되면 못 이기는 척 김대중을 따라나설 생각이었다. 주류에 편입할 기회이기도 했고 김대중에게 보다 큰 정치를 배우고 싶기도 했다. 그러나 제정구의 40대 명분론에 무너지고 말았다. 서른일곱 김부겸은 대의명분을 택했다. 명분이 아니라 실리를 택했다면 애당초 '꼬마 민주당'에 입당할 일도 없었다. 1990년 노태우, 김영삼, 김종필의 3당 합당에 맞서 '꼬마 민주당'에 입당할 때도 김부겸은 정치적 스승 제정구의 뒤를 주저하지 않고 따랐다.

김부겸의 정치 인생에 선명한 길잡이가 되어 준 제정구는 1999년 2월 폐암으로 세상을 떠났다. 제정구가 암 투병을 하는 동안 김부겸은 적어도 일주일에 한 번 병문안을 갔다. 언젠가 제정구가 이런 말을 했다.

"모순과 대립을 통한 세계의 발전이라는 명제는 이제 불가능하다. 상대방을 죽여야 내가 산다는 식의 정치 행태도 이제 더 이상 통하지 않을 것이다. 21세기는 상극이 아니라 상생의 시대가 될 것이다. 화해와 상생, 통합의 정치만이 의미 있는 결과를 낼 수 있다. 모든 사물, 모든 인간과의 관계를 늘 새롭게 깨닫고 발전시켜 나가도록 해야 한다."

서로가 서로에게 극복의 대상이 아니라 존재의 이유가 되는 그런 정치. 어쩌면 그때 그 말은 제정구의 유언인지도 몰랐다. 그날 이후로 화해와 상생은 김부겸의 정치적 지향점이 된다. 아직 김부겸은 중요한 선택의 순간마다 제정구의 일성을 되새긴다.

06

보수는 부패로 망하고 진보는 분열로 망한다. 1996년 총선이 그랬다. 야권은 분열된 상태로 선거를 치렀다. 집권 여당인 신한국당이 139석, 김대중 신당인 새정치국민회의가 79석, 자유민주연합이 50석, 민주당이 15석을 얻었다. 김부겸은 민주당 후보로 과천·의왕에 출마해 낙선했다. 주택 청약 부금까지 털어서 치른 선거였다. 김부겸의 득표율은 18%였다. 당선자 안상수(전 한나라당 대표)는 34%를 얻었다.

선거 참패로 민주당은 내홍을 겪었다. 김부겸을 포함한 민주당 개혁 세력은 당 쇄신을 요구했지만 당내 주류인 이기택 계파에 밀려 힘을 쓰지 못했다. 그렇게 당권에서 밀려난 인사들은 1996년 11월 지역주의 타파와 정치 개혁을 기치로 내걸고 국민통합추진회의(약칭 통추)를 결성한다. 민주당이란 지붕 아래 두 살림을 시작한 것이다. 통추에는 김원기, 노무현, 제정구, 이강철, 김정길, 김원웅, 원혜영, 박석무, 이철, 이미경, 홍사덕, 김홍신, 홍기훈, 이수인 등이 속해 있었다. 김부겸은 통추의 막내였다.

통추에는 낙선한 정치인이 많았다. 그래서 민의를 수렴하며 정치 자금도 조달하고자 역삼동에 '하로동선夏爐冬扇'이라는 고깃집을 열었다. 여름 화로나 겨울 부채처럼 당장은 쓸모없어도 때가 되면 꼭 필요해진다는 의미다. 통추 회원들은 하루씩 돌아가며 식당에 나와 고기도 자르고 술잔도 기울였다. 노무현 전 대통령과 김부겸도 그중 하나였다.

1997년 대선을 앞두고 통추는 진로를 모색했다. 크게 세 가지 갈림길이 있었다. 첫째는 여당 후보와의 연대, 둘째는 야권 통합론에 따른 제3후보 지지, 셋째는 독자 후보를 내세우는 방안이었다. 여야 후보들은 정치적 상징성이 큰 통추를 영입하기 위해 애썼지만 통추는 쉽게 결정을 내리지 못했다.

대선 정국은 빠르게 돌아갔다. 1997년 7월 21일 신한국당 대선 후보로 이회창이 선출되었다. 8월 20일 조순 서울시장은 민주당에 입당해 대선 후보로 추대되었다. 10월 27일 새정치국민회의 김대중과 자유민주연합 김종필이 후보 단일화에 합의했다. 11월 4일 신한국당을 탈당한 이인제는 국민신당을 창당하고 대선 후보로 나섰다. 그리고 바로 다음날 민주당 조순과 신한국당 이회창은 합당을 발표했다. 대선 후보는 이회창, 당 총재는 조순이 맡기로 하고 한나라당을 출범시킨 것이다. 이회창이냐, 김대중이냐, 이인제냐. 통추는 여전히 좌고우면하고 있었다.

모든 길에 하나씩은 흠결이 있었다. 이회창은 지역주의에 편승해 신한국당에 입당했고, 김대중은 신당 창당으로 민주당을 분열시켰고, 이인제는 3당 합당에 영합해 이력을 쌓았다는 비판이 있었다. 결국 통추는 끝까지 합치된 의견을 내놓지 못하고 각자의 정치적 판단에 맡기기로 했다.

정권 교체냐, 3김 청산이냐에 따라 선택이 갈렸다. 김원기, 노무현, 김정길, 유인태, 원혜영 등은 민주당을 떠나 새정치국민회의로 갔다. 제정구, 박계동, 김원웅, 이부영, 이철 등은 민주당에 남아 자동적으로 한나라당에 합류하게 되었다. 통추의 막내 김부겸은 이번에도 제정구를 따랐다. 제정구를 버리고 떠날 수 없었던 김부겸은 민주당에 남아 신한국당과 합당, 한나라당을 창당하는 길을 택했다.

07

1998년 민주당과 신한국당의 통합이 행정적으로 마무리되었다. 김부겸은 민주당 과천·의왕 지구당 위원장 직위를 잃고 한나라당 군포시 지구당 위원장으로 임명되었다. 군포에는 연고가 없었지만 제정구의 도움이 컸다. 지구당 사무실은 3층짜리 건물의 3층에 얻었다. 10평이 채 안 되는 가정집이었다. 정당 사무실로 쓰기에는 여러모로 옹색했지만 전철역에서 간판이 바로 보여 홍보 효과는 그만이었다. 빠듯한 후원금은 월세와 직원 월급을 주고 나면 남는 게 없었다.

1998년부터 2000년 총선까지 김부겸은 군포에서 열리는 행사라면 어디든 찾아갔다. 부르지 않아도 어떻게 알고 찾아가 넉살 좋게 명함을 돌렸다. 2년간 직접 뿌린 명함이 8만 장에 달했다. 단순 계산해도 하루에 백 명 이상을 만난 셈이다.

2000년 총선에서 김부겸은 죽기 살기로 뛰었다. 새벽마다 지도를 보고 동선을 그렸다. 오늘은 이 골목에서 시작해 저 골목까지 유세를 하겠다고 정하면 반드시 지켰다. 유세 차량을 타고 1킬로미터를 이동하고 5분간 유세하고 다시 이동하고. 이런 식으로 하루에 50곳 이상을 돌아다녔다. 공식 선거 운동이 종료되는 날 자정까지 김부겸은 거리를 누비며 표를 호소했다. 여론 조사에서 20% 이상 앞서고 있던 상대 후보는 저녁 6시 번화가 유세를 끝으로 선거 운동을 마쳤다.

개표 마지막 순간까지 선거는 초접전이었다. 잠시만 눈을 돌리면 1위와 2위가 바뀌었다. 마지막 투표함을 열기 전까지 11표 차이로 지고 있던 김부겸은 그 투표함에서 승부를 뒤집고 260표 차이로 신승했다. 보기 드문 박빙 승부에 상대 후보는 패배를 쉽게 인정하지 않았다. 투표함 보존을 신청하고 재검표를 요구했다. 법원의 재검표 결과 254표 차이였다. 김부겸은 네 번째 도전 만에 제16대 국회의원이 되었다.

당선이 확정되고 부모님께 달려가 큰절을 올렸다. 바닥에 엎드려 있는데 별의별 생각이 다 났다. 그동안 가족과 친지들에게 정말 못할 짓을 했다는 생각이 뒤늦게 들었다. 식구들이 치른 고생은 말할 것도 없고, 친구들도 정치하는 놈을 곁에 둔 탓에 때마다 적지 않은 돈을 후원해야 했다. 눈물 콧물로 범벅이 된 얼굴을 들자 아버지가 말했다.

"교만하지 말고 밥값 하는 정치인이 되어라."

아버지의 목소리도 가늘게 떨리고 있었다. 김부겸은 이름도 없이 스러져 간 운동권 선배들을 떠올리며 그들 몫까지 해야 한다고 스스로를 다그쳤다.

김부겸은 고故 제정구 의원의 보좌 직원 세 명과 함께 국회로 입성했다. 국회에 등원해 처음으로 벌인 일은 세비 반납 운동이었다. 5월 30일에 임기가 시작되었는데 이틀이 지나 달이 바뀌자 한 달 치 세비가 지급되었다. 김부겸은 남경필, 원희룡, 김영춘 등 한나라당 소장파 의원들과 함께 세비 반납 운동을 전개했다. 그렇게 모인 5천여만 원을 고성 산불 피해 지역에 써 달라고 강원도에 기탁했다.

초선 의원 시절 김부겸은 직접 차를 몰았다. 국회의원이 되면 차량 유지비와 운전기사 월급이 지급되지만 기사를 고용할 돈이면 정책 비서를 한 명이라도 더 쓰겠다는 욕심이 있었다. 핸들을 돌리며 전화를 받다가 딱지도 많이 뗴었다. 재선 의원이 되고 원내수석부대표에 임명되어 직접 운전하지 못할 만큼 바빠진 뒤에야 운전기사를 두었다.

08

"국가보안법은 폐지돼야 마땅합니다."

한나라당 의원총회에서 안영근 의원이 말했다.

"그게 무슨 소리야? 국가보안법을 왜 폐지해?"

한나라당 보수파 의원들이 반발했다. 여기저기서 고함이 터져 나왔다.

"북한이 멀쩡히 존재하는데 무장 해제 하자는 거야?"

"국가보안법은 안보를 지키는 기둥입니다, 기둥!"

"자자, 조용히들 하세요." 이회창 총재가 장내 소란을 정리했다. 그리고 강단 있는 어조로 덧붙였다. "그럼 국가보안법 문제는 만장일치로 폐지에 반대하는 것으로……"

김부겸은 자리에서 일어나 단상으로 달려들었다.

"총재님, 안 됩니다! 토론을 해야죠!"

앞자리에 앉아 있던 의원들이 그를 가로막았다. 정당 민주화가 착근하기 전까지 제왕적 총재에게 반기를 드는 일은 상상할 수 없었다. 토론조차 성사되지 않는 엄격한 당내 위계질서에 김부겸은 절망감을 느꼈다.

김부겸은 이라크전 파병에 반대하는 등 당론과 배치되는 의견을 자주 내놓았다. 2002년 한나라당 이회창 후보의 대선 패배 이후엔 소장파 의원들과 함께 당의 전면 쇄신과 수구 기득권 세력의 용퇴를 요구해 민정계 일색이던 당 지도부와 정면으로 부딪쳤다. 한나라당과 그는 사사건건 대립했다.

결정적인 사건은 2003년 2월에 벌어졌다. 국회 다수당이던 한나라당은 대북송금특별검사법안을 본회의에 상정했다. 이번에도 김부겸은 동의하지 않았다. 전날 열린 의원총회에서 그는 남북 관계의 특수성을 고려해 국회 차원의 진상 규명이 우선시되어야 한다고 주장했다. 소수 여당이던 민주당 의원들이 퇴장한 가운데 표결이 진행되었다. 전자 투표가 끝나자 장내가 소란스러웠다. 본회의장 전광판에는 재석 162명, 찬성 158명, 반대 1명, 기권 3명이 표시되어 있었다. 유일한 반대표는 김부겸의 것이었다.

본회의 직후 언론 인터뷰에서 김부겸은 말했다.

"중대한 함의가 있는 특검법에 대해 당론을 정해선 안 된다. 단일한 목소리만 내는 것은 당 발전에도 도움이 되지 않는다. 자기 의사를 그대로 표현하는 정치 문화 정착의 계기가 되었으면 한다."

이 바람은 결코 실현되지 않았다. 이때부터 김부겸은 당내에서 고립되기 시작했다. 당과 다른 목소리를 내면 낼수록 그는 점점 더 외톨이가 되어 갔다. 보수파 중진들은 면전에서 "당론을 따르기 싫으면 당을 떠나라"는 말도 서슴지 않았다. 중재자가 없지는 않았지만 한나라당의 보혁 충돌은 이미 봉합 수준을 넘어선 상태였다. 선택의 시간이 또다시 다가오고 있었다.

2003년 7월 김부겸, 김영춘, 안영근, 이부영, 이우재는 한나라당을 탈당한다. 총선을 불과 9개월 앞둔 시점이었다. 그들은 지역주의 타파와 국민 통합을 기치로 내걸고 새로운 정치 세력을 규합하고자 했다. 언젠가부터 언론에서는 이들을 '독수리 5형제'라고 불렀다. 물론 변형된 형태의 '철새 정치인'이 아니냐는 시각도 있었다.

09

2002년 대선에서 승리한 새천년민주당도 혼란스럽기는 마찬가지였다. 노무현 후보를 지원해 대통령에 당선시킨 신주류 개혁 세력들은 정치 개혁과 지역주의 청산을 강력히 제기했다. 일부 강경파들은 새천년민주당의 발전적 해체를 주장하기도 했다. 그러던 중 지역정당체제 타파를 외치던 개혁파 의원들이 한나라당 탈당파에 자극을 받아 탈당을 감행하면서 정치권의 지각 변동이 일어나게 된다.

2003년 11월 11일 한나라당 탈당파 5인과 민주당 탈당파 40인, 개혁당 2인이 모여 열린우리당이 탄생한다. 열린우리당 창당의 주역인 김부겸은 창당 대회 사회를 보면서 우리 정치 역사상 최초의 전국 정당, 개혁 정당으로 성공하겠다고 다짐했다. 열린우리당은 원내 의석이 47석에 불과한 작은 여당이었지만 그 꿈은 실로 창대했다.

2004년 총선을 몇 달 앞두고 노무현 대통령은 "민주당을 찍으면 한나라당을 돕는 격", "국민들이 우리 열린우리당을 압도적으로 지지해 줄 것을 기대한다" 등 선거에 개입하는 발언으로 선거관리위원회의 경고를 받는다. 한나라당과 민주당은 공동으로 대통령 탄핵소추안을 국회에 제출했다. 소수 여당인 열린우리당 의원들은 물리적 저지에 나섰지만 재석 195명, 찬성 193명으로 탄핵안은 가결된다. 김부겸은 국회 본회의장 바닥에 주저앉아 울부짖었다. 2004년 3월 12일 새벽, 당시의 처절한 상황은 방송을 통해 전 국민에게 전달

되었다.

헌정 사상 최초의 탄핵 소추안 가결에 한나라당과 민주당을 향한 국민의 분노가 거셌다. 그 분노의 힘은 한 달 뒤 총선에서 열린우리당의 돌풍으로 이어졌다. 열린우리당은 152석의 거대 여당이 된다. 김부겸도 재선에 가뿐히 성공했다. 2004년 5월 14일에는 헌법재판소가 탄핵 소추안을 기각해 대통령 권한 정지도 해제되었다. 대통령의 업무 복귀와 의회 과반 의석 확보로 열린우리당에겐 거칠 것이 없어 보였다.

2004년 9월 정기국회에서 열린우리당은 곧바로 4대 개혁 입법을 추진했다. 국가보안법, 사립학교법, 과거사법, 언론관계법이 바로 그것이었다. 그러나 개혁 법안들은 민생과 거리가 멀어 국민의 관심을 얻지 못했고, 특히 국가보안법 폐지 문제를 놓고 당내 개혁파와 실용파가 첨예하게 대립하면서 국민의 신뢰를 잃게 되었다. 노 대통령의 지지도는 끝없이 추락했고 각종 재·보궐 선거에서 열린우리당은 연전연패했다.

2005년 당의 위기 속에서 김부겸은 원내수석부대표로 임명되었다. 여야 협상의 실무를 담당하는 자리였다. 김부겸은 여야 대립이 극에 달한 상황에서도 특유의 협상력을 발휘해 '진실과 화해를 위한 과거사정리기본법'을 여야 합의로 통과시켰다. 양당 강경파의 주문을 적절히 수용하다 보니 누더기법이 되었다는 비판도 있지만 우리 현대사의 암울했던 사건들의 진실이 규명될 수 있는 근거가 마련되었다는 데 의미가 있다.

2007년 대선이 가까워지면서 범여권은 탈당과 합당을 반복하며 이합집산 했다. 열린우리당의 정치 실험은 창당 4년 만에 실패로 돌아갔다. 2007년 8월 대통합민주신당에 흡수되었고, 2008년 2월 대통합민주신당과 민주당이 합당해 통합민주당이 되었다. 이후 민주당, 민주통합당, 다시 민주당으로 당명을 바꿨다가 2014년 3월 안철수의 새정치연합과 통합하며 새정치민주연합이 되었다. 2008년 총선에서 김부겸은 3선에 성공했다.

10

"김 의원이 이해를 좀 하시게……."

손학규는 같은 말을 되풀이했다. 2010년 10월의 어느 밤, 손학규는 김부겸을 만나기 위해 군포를 찾았다. 김부겸은 분하고 억울했다. 선배에게 외람되지만 언성을 높이기도 했다. 손학규는 대꾸하지 않았다. 김부겸은 말없이 술잔을 비웠다. 술자리는 새벽 3시까지 이어졌다. 손학규는 같은 말을 되풀이했다.

2010년 10월 3일 손학규는 민주당 대표로 선출되었다. 한나라당 출신이 호남 중심의 정당인 민주당의 대표가 된 것이다. 김부겸은 손학규 캠프에서 선거를 총괄 지휘했다. 손학규가 당선되자 민주당 살림을 책임질 사무총장으로 김부겸이 거론되었다. 3선의 측근 인사를 사무총장에 임명하는 것이 관례였다. 그런데 막판에 일이 틀어졌다. 손학규는 돌연 전남 출신 이낙연(현 전남지사)을 사무총장에 앉혔다. 언론에서는 한나라당 출신 손학규가 지명직 최고위원으로 한나라당 출신 김영춘을 임명했으니 사무총장마저 한나라당 출신을 앉히기는 부담스러웠을 것이라 평했다.

당의 중진이라 할 수 있는 3선 의원 김부겸은 여야 의원들과 두루 친했지만 당내 선거에 나설 때마다 아물지 않는 상처를 입었다. 상대 후보들은 그가 군사 독재의 후신인 한나라당 출신, 영남 출신이라며 깎아내렸다. 당내 주류인 호남 세력은 해묵은 지역감정을 들먹

이기도 했다. 김부겸은 한나라당에 몸담은 전력으로 번번이 고배를 마셨다. 그로서는 억울할 법도 했다. 민주당에서 정치를 시작한 그는 1997년 대선에서 민주당과 신한국당이 합당하면서 저절로 한나라당 창당 멤버가 되었다. 그때 합당에 반대하고 뛰쳐나오지 않은 것이 죄라면 죄였다. 원내대표나 사무총장이 되어 민주당을 밑바닥부터 개혁하고 싶었지만 그에겐 기회가 주어지지 않았다. 그래도 그는 타는 속을 드러내지 않았다. 그러기를 10년이었다.

그러나 이번만큼은 참을 수 없었다. 이대로 가만히 있다가는 정치 생명이 위태로울 것 같았다. 정치인에게 선출직이나 임명직의 기회가 제한되는 것은 정치 생명이 끝나는 것과 다름 아니다. 김부겸은 A4 용지 다섯 장에 친필로 편지를 써 민주당 의원 전원에게 돌렸다. 편지의 주요 내용은 이러했다.

"정말 마음이 아픈 것은 왜 '영남 출신'이고 '한나라당 출신' 때문이라는 꼬리표가 붙느냐는 겁니다. 민주당에서 지명직 최고위원과 사무총장이 동시에 영남 출신이면 큰일이 납니까? 우리 당은 민주당 출신, 한나라당 출신, 개혁신당 출신의 모든 민주개혁세력들이 함께 모여 전국 정당을 한번 해보자고 만든 당 아닙니까?

한때의 그 이력이 오늘까지 이렇게 멍에가 되고 족쇄가 될 줄은 몰랐습니다. 이 모든 것은 제가 짊어지고 가야 할 짐이겠지만 이것 하나만은 분명합니다. 언론에서 뭐라고 하든 저는 제 모든 것을 민주당을 위해 던질 것이고, 뭐라고 딱지를 붙이든 저는 민주당에서 정치를 시작하고 청춘을 바쳤던 민주당 출신 정치인이라는 사실입니다.

정치사의 큰 물결이 요동침에 따라 한나라당에 몸담았다는 것이 원죄라면 언제든지 그 값을 달게 치르겠습니다. 다만 언젠가는 '한나라당 출신'이란 낙인과 멍에를 제 어깨에서 좀 벗겨 주십시오."

11

"가만히 있으면 4선, 5선은 거뜬히 할 수 있을 거야."

김부겸을 아는 사람이라면 이렇게 말했다. 그만큼 군포에서 그의 입지는 탄탄했다. 내리 세 번 당선되는 동안 득표율은 꾸준히 상승했다. 자그마치 12년이었다. 그동안 숱한 행사와 모임을 다녔다. 어느 식당을 가든 절반은 아는 사람이었다. 작은 골목길 하나까지 몸이 기억하고 있는 곳이었다. 군포는 그와 아내, 아이들에게 제2의 고향이었다.

흰머리가 늘어가면서 현실에 안주하고 있는 자신을 볼 때마다 제정구가 생각났다. 김대중이 민주당을 깨고 신당을 만들 때 제정구는 "의미 없는 재선, 3선보다 초선으로 장렬히 전사하겠다"며 민주당이라는 가시밭길을 택했다. 김부겸은 부끄러웠다. 고심 끝에 그는 의미 없는 4선보다 장렬히 전사하는 길을 걷기로 했다.

2011년 12월 김부겸은 여당의 텃밭인 대구에 출마하겠다고 공식 선언했다. 많은 사람들이 만류했지만 그의 결심은 확고했다. 야권 통합과 지역주의 극복을 위해 전력을 다했던 통추 시절을 그는 떠올리고 있었다. 민주당 간판으로 대구에서 당선된다면 지역주의를 깨겠다는 그 시절의 꿈을 이룰 수 있었다. 그것은 먼저 떠난 제정구의 꿈이기도 했다. 이제 좀 살만해진 부모님과 아내를 설득하는 일은 쉽지 않았지만 국회의원 한 번 더 하자고 정치를 시작한 게 아니었다. 김부겸은 상의가 아니라 통보를 했다.

2012년 1월 김부겸은 대구시 수성구로 내려갔다. 지역주의의 벽은 역시 견고했다. 대구가 고향인데도 민주당 기호를 달고 있으니 "김부겸은 전라도 사람이라 뽑으면 안 된다"는 얘기가 돌았다. 고향 친구의 아내들조차 뒤에서는 열심히 도우면서도 남들 앞에 나서기는 꺼려했다. 출근길 인사를 하는데 차창을 내리고 "빨갱이"라고 외치는 사람도 있었다. 아무도 기대하지 않는 외로운 선거였다. 그래도 묵묵히 인사를 하고 명함을 돌리고 텅 빈 아파트 공터에서 연설을 했다. 선거 운동이 중반에 접어들면서 유권자들의 마음이 조금씩 돌아서는 게 보였다.

뚜껑을 열어 보니 득표율이 40.4%가 나왔다. 내로라하는 야당 명망가들도 얻지 못한 득표율이었다. 18대 총선에서 유시민도 32%, 17대 총선에서 이강철도 35%에 그친 곳이 대구였다. 당선자보다 낙선자가 언론의 조명을 받는 상황이 벌어졌다. 대구의 강남이라는 수성구에서 벌어진 선거 혁명이었다. 그야말로 '아름다운 패배'였다.

2014년 6월 김부겸은 다시 한 번 지역주의에 도전장을 내밀었다. 이번엔 대구시장 선거였다. 2년 전과는 선거 분위기가 처음부터 달랐다. 전에는 눈도 마주쳐 주지 않던 사람들이 반갑게 손을 잡아 주었다. 더운데 수고한다며 음료수를 건네는 시민도 있었다. 언론에서도 이런 선거 열기를 집중 보도했다. 어쩌면 이변이 생길지도 모른다는 기대감에 김부겸 캠프는 들떠 있었다.

그러나 당선은 아직 무리였다. 새누리당 권영진이 56%, 새정치민주연합 김부겸은 40.3%를 얻었다. 선거에 2등은 무의미하지만 그나마 위안이라면 2년 전 총선에 출마했던 대구시 수성갑에선 당선인보다 높은 50.1%의 득표율을 얻었다는 사실이다. 대구시장 선거에 낙선한 김부겸은 차기 대권 후보로 거론되고 있다. 그는 지고도 이겼다.

2016년 제20대 총선에서 그는 다시 대구에 출마할 예정이다. **b**

PERSONAL
HISTORY

1956	경북 상주군 상주읍 오대리에서 출생(12월 21일)
1958	출생 신고(1월 21일)
1968	대구초등학교 졸업
1971	대구중학교 졸업
1975	경북고등학교 졸업
1976	서울대학교 사회계열 입학, 농업경제학회 가입
1977	정치학과 선택, 서울대 도서관 점거 사건으로 구속(징역 1년), 제적
1979	안양 교도소 출소
1980	5·17 계엄령 위반으로 구속, 제적
1982	대구에서 결혼
1984	대구 미국문화원 폭파 사건으로 상경, 신촌에 '오늘의 책' 서점 개업
1986	신림동에 '백두서점' 개업, 민주통일민중운동연합(민통련) 간사
1987	서울대 정치학과 졸업, 민주헌법쟁취국민운동본부 집행위원
1988	한겨레민주당 창당, 제13대 총선 서울 동작갑 출마, 낙선, 진보정치연합 대변인
1990	민주연합추진위원회 부대변인
1991	'꼬마' 민주당 입당, 민주당 부대변인
1992	제14대 총선 서울 동작갑 공천 신청, 낙천
1993	'이선실 간첩단 사건'에 연루, 국가보안법상 불고지죄로 징역 1년에 집행유예 2년 선고

1995	국민통합추진회의(통추) 결성
1996	제15대 총선 과천·의왕 출마, 낙선
1997	민주당과 신한국당이 합당해 만든 한나라당에 합류
1998	한나라당 군포시 지구당 위원장
1999	한나라당 소장파 모임 '미래를 위한 청년연대' 공동대표, 연세대 행정대학원(외교안보 전공) 석사 졸업
2000	제16대 국회의원(경기 군포)
2002	'미래를 위한 청년연대' 단일 후보로 최고위원 경선 출마, 낙선
2003	한나라당 탈당, 열린우리당 창당
2004	제17대 국회의원(경기 군포)
2005	열린우리당 원내수석부대표
2006	전당대회 출마, 낙선, 열린우리당 비상대책위원회 상임위원
2007	대통합민주신당 손학규 대통령 경선 후보 선거대책본부 부본부장
2008	통합민주당 공천심사위원회 위원, 제18대 국회의원(경기 군포), 국회 교육과학기술위원회 위원장
2009	원내대표 선거 출마, 낙선
2010	원내대표 선거 출마, 낙선
2012	민주통합당 최고위원, 제19대 총선 대구 수성갑 출마, 낙선
2014	대구시장 선거 출마, 낙선

069

HISTORY OF POLITICAL PARTIES

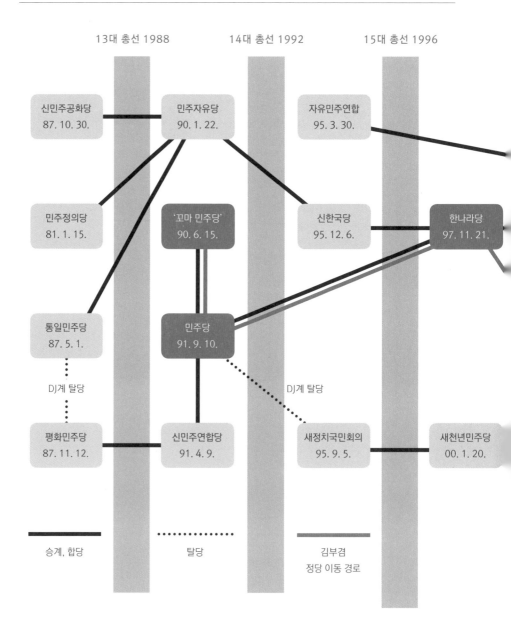

13대 총선 1988 14대 총선 1992 15대 총선 1996

신민주공화당
87. 10. 30.

민주자유당
90. 1. 22.

자유민주연합
95. 3. 30.

민주정의당
81. 1. 15.

'꼬마 민주당'
90. 6. 15.

신한국당
95. 12. 6.

한나라당
97. 11. 21.

통일민주당
87. 5. 1.

민주당
91. 9. 10.

DJ계 탈당

DJ계 탈당

평화민주당
87. 11. 12.

신민주연합당
91. 4. 9.

새정치국민회의
95. 9. 5.

새천년민주당
00. 1. 20.

승계, 합당

탈당

김부겸
정당 이동 경로

070

한국 정당은 생성과 소멸, 연합을 반복하여 왔다.
정당 변천사를 통해 김부겸의 정치 노선을 살펴본다.

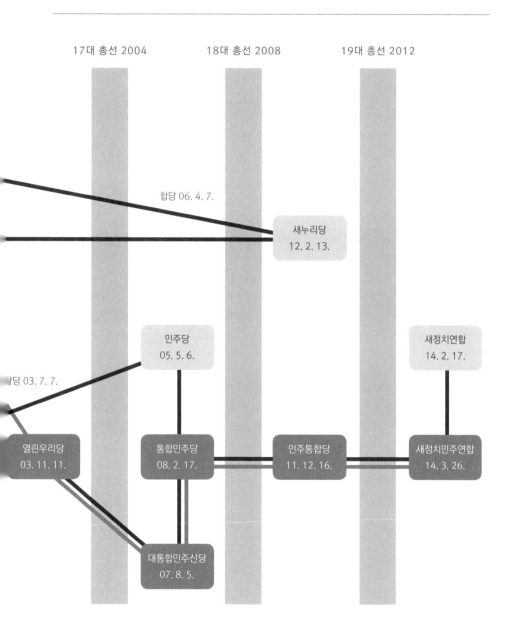

17대 총선 2004　　　18대 총선 2008　　　19대 총선 2012

합당 06. 4. 7.

새누리당
12. 2. 13.

민주당
05. 5. 6.

새정치연합
14. 2. 17.

탈당 03. 7. 7.

열린우리당
03. 11. 11.

통합민주당
08. 2. 17.

민주통합당
11. 12. 16.

새정치민주연합
14. 3. 26.

대통합민주신당
07. 8. 5.

072

marginal man

어느 한쪽에 종속된 타자는 경계를 지각할 수 없다.
탈경계의 사유는 경계 바깥에서 태어나 경계를 부순다.

여기 경북고를 나온 대구 성골이 있다. 3당 합당에 반대하고 명분을 따라 살다 보니 호남
세력이 주류인 정당에 들어가게 되었다. 고향 친구들은 그를 'DJ 앞잡이', '빨갱이'라고 힐
난했다. 동병상련할 동료도 딱히 없었다. 90년대 초반 마포 민주당사에 경상도 사투리를
쓰는 사람은 그까지 세 명이었다. 한국 정치사의 격랑에 내몰려 한나라당에 몸담기도 했
다. 동료 의원들은 그에게 'DJ당 출신'이란 딱지를 붙였고 그가 당을 떠나자 '철새 정치인'
으로 바꿔 달았다. 다시 돌아온 민주 진영에선 '한나라당 출신'이라 손가락질했다. 한동안
잠잠한가 싶더니 이번엔 보수 정당의 텃밭 대구에 담차게 민주당 기호를 달고 나왔다. 두
번 나와 두 번 모두 떨어졌다. 김부겸은 한국 정치의 녹슨 철책을 맨손으로 걷어 내고 있다.
김부겸은 경계인境界人이다.

경계인은 A이며 동시에 B다. 그러나 온전한 A나 B는 아니라는 이유로 A와 B에서 배제된
다. 밖으로 밀려난 그들은 내부에서 볼 수 없는 전체를 조망한다. 경계의 폭력성과 허구를
발견한다. 그들은 냉정한 관찰자가 되어 경계의 잣대에 의문을 던진다.

미셸 푸코에 따르면 우리 사회는 동일자同一者와 타자他者를 나누는 경계선의 그물망으로
직조되어 있다. 정상과 비정상, 좌와 우, 진보와 보수는 서로의 거울이 되어 타자를 규정함
으로써 자기 동일성을 정립한다. 동일성과 비동일성을 가르는 기준은 과연 타당할까. 르네
상스 시대에 광기를 정상 범주에 편입한 잣대와 근대사회로 접어들며 광기를 정상 범주에
서 배제한 잣대는 동일했다. 그것은 바로 우리가 믿어 의심치 않는 합리적 이성이었다.

이번 장에서는 이항 대립의 경계를 넘어선 실존과 가상의 인물들을 조명한다. 그들의 삶을
통해 경계境界를 경계警戒한다.

EDWARD
W.
SAID

1935~2003

에드워드 사이드 팔레스타인 출신의 미국 영문학자, 비교 문학가, 문학 평론가, 문명 비평가이다. 1935년 영국령 예루살렘에서 태어났다. 영국 통치가 끝나고 팔레스타인에 이스라엘이 건국되자 이집트 카이로로 망명했다. 이후 미국으로 건너가 프린스턴대학, 하버드대학원을 거쳐 20대의 나이에 컬럼비아대학 교수가 되었다. 타계하기 전까지 40여 년간 영문학과 비교문학을 가르쳤다. 대표 저작인 《오리엔탈리즘》을 통해 동양에 대한 서양의 편견을 바로잡았다.

"내가 자신을 아웃사이더라고 부를 때 그것은 슬프거나 박탈당한 것을 의미하지는 않는다. 오히려 제국주의가 나누어 놓은 두 세계에 다 속해 있다는 것은 그만큼 그 두 세계를 더 잘 이 해할 수 있다는 것을 의미한다." - 에드워드 사이드, 《문화와 제국주의》, 창, 2011.

'에드워드'라는 영국식 이름과 '사이드'라는 아랍 성姓은 그의 인생을 압축적으로 보여 준 다. 1935년 영국령 예루살렘에서 태어나 이집트 카이로에서 자라고 미국에서 공부한 그는 매순간 이방인이었다. 그는 팔레스타인 출신의 아랍인이면서 기독교도였다. 팔레스타인 국 가평의회 의원이면서 아라파트의 급진 정책에는 반대했다. 집에서는 아랍어를 사용했고 대 학에서는 영어로 강의했다.

1967년 제3차 중동 전쟁이 발발하자 이스라엘을 지원한 미국에선 반 이슬람 정서가 고조 되었다. 미국 주류 사회에 동화되어 명문대 교수로서 안정적 삶을 누리던 사이드는 하루아 침에 위험한 아랍인으로 대상화된 자신을 발견했다. 아랍인으로서의 정체성을 되찾은 그는 아랍인에 대한 서구의 왜곡된 시선의 기원을 밝히는 일에 착수한다. 그리고 마침내 1978년 동양에 대한 서양의 편견을 고발한 명저 《오리엔탈리즘》을 출간한다.

사이드는 《오리엔탈리즘》을 통해 '동양은 서양에 비해 열등하다'는 서구인의 사고관은 동양 을 지배하고 재구성하고 억압하기 위한 서양의 방식이라 주장했다. '해가 뜨는 곳'을 뜻하는 오리엔트(Orient·東洋)란 지명도 유럽인의 시각에서 나왔다. 권력이 지식을 생산하고 지식 이 권력을 행사하는 푸코의 권력 담론을 원용하여 서구 문학, 지식과 식민지배의 상관관계 를 분석한 이 책은 '탈식민지 이론'이라는 새로운 학제를 열기도 했다.

사이드가 평생을 두고 맞서 싸운 대상은 폭력적인 경계 짓기였다. 유대인 급진주의자들의 테러 위협으로 평생 집 주소를 숨기고 살아야 했지만 그는 유대인과 이스라엘을 증오하지 않았다. 백혈병에 걸렸을 때도 유대인 의사에게 몸을 맡겼다. 그러면서 사이드는 말했다.

"유대인이 나를 치료하다니 아이러니야."

YUN
I
SANG

1917~1995

윤이상 尹伊桑 1917년 경상남도 산청에서 태어났다. 통영에서 보통학교를 마치고 오사카 음악학교에 진학했다. 태평양전쟁 때 귀국한 뒤 반일 활동 혐의로 옥살이했다. 1955년 작곡가 최초로 '서울시 문화상'을 수상하고 유럽 유학길에 올랐다. 해외에서 명성을 쌓던 중 '동백림 간첩단 사건'에 연루되어 2년간 복역했다. '유럽에 현존하는 5대 작곡가'로 선정되었고 동서양을 연결한 음악가로 평가받는다. 주요 작품으로 〈나비의 미망인〉, 〈심청〉 등이 있다.

"윤이상은 한국 음악의 뛰어난 전통을 서양 음악과 하나로 이으려고 노력해 왔다. 윤이상만큼 예술적인 노력으로 우리에게 한국을 소개해 준 사람은 일찍이 없었다. 전 세계의 음악계는 윤이상이 필요하다. 그는 한국 음악의 대사다."

독일 함부르크 예술원 회장이 박정희 대통령에게 보낸 호소문의 일부이다. 재독 음악인 윤이상은 1967년 '동백림 간첩단 사건'에 연루되어 서울로 압송되었다. 중앙정보부는 윤이상 등 예술계, 학계 인사 194명이 동백림(당시 동독의 수도인 동베를린)을 거점으로 대남 적화 공작을 벌이다 적발되었다고 발표했다. 폰 카라얀을 비롯한 세계적 음악가들은 그의 석방을 촉구하는 탄원서를 한국 정부에 보내는 한편 연주회를 열어 기금을 모았다. 181명의 음악인이 서명한 호소문은 독일 신문 1면에 실리기도 했다. 국제적 구명 운동으로 1969년 석방되어 서독으로 추방된 윤이상은 조국 땅을 다시 밟을 수 없었다.

윤이상은 동양의 사상에 서양의 음악을 융합해 세계적인 찬사를 받았다. 그의 음악은 단순한 동서양 음악의 합이 아니었다. 동양 음악도 아니고 서양 음악도 아닌 경계선상의 음악이었다.

창작 초기에 윤이상은 서양 음악계에 한국 음악을 소개하는 데 그쳤지만 쇤베르크의 12음 기법에 주요음 기법을 접목하면서 큰 주목을 받게 된다. 한 음이 지속하는 동안 여러 장식음이 어우러져 하나의 음향 복합체를 형성하는 주요음 기법은 그가 개발한 독창적인 기법이다. 간단히 말하면 거문고와 같은 현악기를 연주할 때 왼손으로 줄을 흔드는 국악의 농현弄絃 기법을 서양 악기로 구현한다고 보면 된다.

윤이상의 음악 미학에는 도가 사상이 자리하고 있다. 서양 음악에서 개개의 음은 전체의 일부로만 기능하지만 동양 음악에서는 부분이자 전체를 내포한다고 그는 주장했다. 하나씩 분절되어 구별되는 서양의 음과 달리 동양의 음은 생성되어 소멸할 때까지 높낮이가 끊임없이 변화한다. 하나의 음은 다른 어떠한 음으로도 나아갈 수 있는, 그 자체로서 생명력을 지닌 소우주인 것이다.

윤이상은 동양과 서양의 경계, 음과 음의 경계, 남과 북의 경계를 넘나들었지만 어디에도 속하지 않았다. 독일과 한국에서는 매년 윤이상 추모 음악회가 열리고 있다.

CHOI
IN
HUN

1936~

최인훈 1936년 함경북도 회령에서 태어났다. 목포고를 거쳐 서울대 법대를 중퇴했다. 1959년 《자유문학》에 추천되어 문단에 나왔다. 주요 작품으로 〈광장〉, 《회색인》, 《서유기》, 《소설가 구보씨의 일일》 등이 있다. '전후 최대의 작가'라는 평가를 받는다. 우리나라에서 경계인이라는 용어가 회자되기 시작한 것은 1960년 최인훈의 소설 〈광장〉에서 주인공 이명준이 경계인으로 묘사되면서부터다. 소설 속 이명준은 6·25 전쟁 포로 송환 때 남과 북을 모두 거부하고 제3국행을 택한다.

"동무는 어느 쪽으로 가겠소?"

"중립국."

그들은 서로 쳐다본다. 앉으라고 하던 장교가, 윗몸을 테이블 위로 바싹 내밀면서, 말한다.

"동무, 중립국도, 마찬가지 자본주의 나라요. 굶주림과 범죄가 우글대는 낯선 곳에 가서 어쩌자는 거요?"

"중립국."

"다시 한 번 생각하시오. 돌이킬 수 없는 중대한 결정이란 말요. 자랑스러운 권리를 왜 포기하는 거요?"

"중립국." - 최인훈, 〈광장〉, 문학과지성사, 1996.

'광장 없는 밀실'과 '밀실 없는 광장'은 해방 이후 우리나라의 해쓱한 민얼굴이었다. 최인훈의 소설 〈광장〉에서 남한은 개인적 삶을 상징하는 '밀실'이다. 그러나 그곳은 탐욕스런 개인주의로 가득했다. 사회와 분리된 개인 속에서 대학생 이명준은 폐쇄적인 자기 밀실로 파고든다. 그러다 대남 방송을 하는 아버지 때문에 치안 당국에 끌려가 고문을 당한다. 밀실마저 빼앗겼다고 생각한 그는 타락한 남한 사회에 환멸을 느끼고 북한 밀항선에 몸을 싣는다.

북한은 사회적 삶을 상징하는 '광장'이다. 그러나 그곳은 획일화된 집단의식으로 가득했다. 선택의 자유는 없었고 오직 당의 명령에 복종해야 했다. 그가 희망을 품고 도착한 북은 활기찬 모습을 찾아볼 수 없는 '잿빛 공화국'이었다.

6·25 전쟁이 발발하자 이명준은 인민군으로 참전해 국군 포로가 된다. 정전 협정으로 포로수용소에서 풀려나면서 그는 선택의 갈림길에 놓인다. 극단적인 이데올로기의 강요 앞에서 그가 택할 수 있는 길은 단 하나였다. 중립국. 중립국으로 향하는 배 위에서 그는 진정한 자유를 보았다. '밀실'과 '광장'이 공존하는 자유로운 바다를 보았다. 그리고 무언가에 홀린 듯 바다로 뛰어든다.

최인훈은 여섯 번에 걸쳐 〈광장〉을 개작했다. 소설의 큰 줄거리는 바뀌지 않았지만 결말은 조금씩 다르다. 이전 판본에서 이명준의 투신은 좌우 이데올로기에 내몰린 죽음으로 묘사되지만 최근 판본에서는 제3의 길을 향한 적극적인 의지 발현으로 그려진다. **b**

080

campaign

You know
LABOUR
government
works.

VOTE

VOTE LABOUR

AND

KEEP THE B.B.C

ANNOUNCER

BUSY SAYING

"LABOUR GAIN

utre politique pour un autre cadre de vie

utre politique pour un autre cadre de vi

utre politique pour un autre cadre de vi

utre politique pour un autre cadre de vi

arti socialiste

KENNY

FINE GAEL

Hvorfor stemmer Vi Konservativt

LA VIE EST A NOUS

LA VIE EST A NOUS

LA VIE EST A NOUS

1996년 7월 러시아 대선에서 보리스 옐친은 재선에 성공한다. 유권자의 감성을 자극한 선거 전략이 주효했다. 옐친은 선거 공약을 알리는 대신 신나고 역동적인 이미지를 연출하는 데 주력했다. 이와 함께 네거티브 공세도 펼쳤다. 선거 6개월 전 한 자리 수에 그쳤던 옐친의 지지율은 거침없이 상승해 압도적인 표차로 재선된다. 사진은 1996년 6월 10일 러시아 로스토프에서 열린 록 콘서트에서 옐친이 춤을 추는 모습이다. 1997년 퓰리처상 수상 사진이다.

1996년 러시아 모스크바. 미국인 3명이 비행기에서 내렸다. 정치 컨설턴트 조지 고튼, 조 슈메이트, 딕 드레스너였다. 그들은 프레지던트 호텔에 머물며 옐친 대통령의 재선 캠페인을 이끌었다.

1995년 총선에서 집권 여당인 러시아당은 공산당에 참패했다. 경제 실정이 주된 원인이었다. 사상 최악의 실업률에 인플레이션까지 겹쳐 공산당 집권 시절을 그리워하는 사람들이 많았다. 공산당 대선 후보 주가노프의 지지율은 20%를 상회했다. 현직 대통령 옐친의 지지율은 5%였다. 옐친은 미국인 선거 컨설턴트에게 도움을 요청했다.

미국인 컨설턴트들은 옐친의 이미지 개선에 나섰다. 그들은 따분하고 지루한 정책 선거는 버리기로 했다. 대신 춤추고 노래하는 옐친의 모습을 지속 노출했다. 스탈린 정권의 잔혹성을 강조하는 정치 광고도 병행했다. 반면 공산당의 주가노프는 연설과 집회를 통한 선거 운동을 고수했다. 1996년 7월 대선에서 옐친은 54%의 득표율로 재선에 성공한다.

선거 광고는 종합 예술이다. 선거 광고에는 배우, 음악, 회화, 문학, 무용이 있다. 다양한 요소들이 통합되면서 후보자의 이미지를 형성한다. 이미지image의 어원은 라틴어 이마고 imago다. '모방하다'라는 뜻이다. 이미지는 실체가 아니라 실체의 모방이다. 가공되고 포장되고 윤색될 수 있다. 정치 컨설턴트들은 여론 조사를 통해 후보자의 강점과 약점을 진단하고 이미지를 빚어낸다. 마케팅 이론의 대가 필립 코틀러는 말한다. "유권자의 투표 행위는 소비자의 구매 행위와 같다." 세련된 포장, 근사한 광고, 주위의 평판에 따라 우리는 물건을 사고 투표를 한다. 정치 광고는 이 점을 파고든다.

현대적 의미의 선거 광고는 20세기 초에 시작되었다. 1950년대까지는 신문과 라디오의 시대였다. 정치커뮤니케이션 측면에서 라디오를 가장 잘 활용한 정치인은 루즈벨트 미국 대통령이었다. 루즈벨트는 라디오로 방송된 '노변담화'를 통해 6천만 명의 미국인들과 직접 접촉했다. 1960년대로 접어들면서 텔레비전이 정치의 영역을 침범한다. 1960년 미국 대선에서 존 F. 케네디와 로버트 닉슨은 미국 역사상 최초로 텔레비전 토론을 벌였다. 모두가 현직 부통령인 닉슨의 우세를 점쳤다. 케네디는 경험이 일천한 상원의원에 불과했다. 그러나 브라운관에 비친 케네디는 침착하고 당당했다. 닉슨은 창백한 얼굴로 말을 더듬었다. 토론회가 끝나고 케네디는 최연소(43세) 미국 대통령이 되었다.

여자아이가 꽃밭에서 꽃잎을 떼며 숫자를 세고 있다. "원, 투, 쓰리……" 아홉까지 셌을 때 카랑한 남자 목소리가 끼어들며 카운트다운을 시작한다. "텐, 나인, 에잇……" 카메라는 아이의 얼굴을 클로즈업한다. "제로"와 함께 핵폭발이 일어나고 거대한 버섯구름이 피어오른다. 이어지는 존슨의 목소리. "세계를 신의 자녀들이 살 수 있는 곳으로 만들 것입니까, 암흑에 빠질 것입니까. 우리는 서로 사랑해야 합니다. 그러지 않으면 죽습니다." 그리고 또 다른 남자의 목소리. "11월 3일, 존슨에게 투표하세요. 중대한 위기입니다."

1964년 미국 대선에서 민주당 린든 존슨이 내보낸 텔레비전 광고 '데이지Daisy'다. 핵무기 사용에 긍정적인 공화당 후보 골드워터를 겨냥해 핵전쟁에 대한 공포를 자극했다. 이 광고는 1964년 9월 7일 밤, 미국 CBS방송에 단 한 차례 방송되었다. 방송 이후 상대 후보의 항의로 방송이 중지되었지만 세간에 널리 회자되었다. 존슨은 압도적인 지지로 대통령에 당선되었다. 훗날 CBS는 "광고로서는 좋았지만 정치로서는 추악했다"고 논평했다.

선거 광고에 있어 슬로건의 역할도 빼놓을 수 없다. 명확한 슬로건 한 줄은 때로 영상 매체보다 강력하다. 1992년 미국 대선이 그랬다. 1990년대 초반 구소련 붕괴와 걸프전 승리로 조지 부시 대통령의 지지율은 90%를 넘었다. 빌 클린턴 선거 캠프는 냉전 종식 이후 최대 이슈는 경제 재건이 될 것으로 예측했다. "문제는 바로 경제야, 이 멍청아It's the economy, stupid"라는 슬로건은 이렇게 탄생했다. 그 전략은 100% 적중했다.

영국 최초의 여자 수상 마가렛 대처도 정치 광고의 수혜자였다. 1979년 대처가 이끌던 보수당은 "노동당은 일하지 않는다Labor isn't working"는 슬로건으로 집권 노동당의 무능을 지적해 유권자의 공감을 샀다. 영화배우 출신인 로널드 레이건 미국 대통령은 "미국을 다시 위대하게Make America great again(1980년 대선)"란 슬로건으로 승리했다. 버락 오바마 미국 대통령의 "우리가 믿는 변화Change we can believe in(2008년 대선)"도 성공한 슬로건으로 꼽힌다.

인터넷 정치 광고도 빠르게 성장하고 있다. 단순 이메일 전송이나 배너 광고 노출에서 벗어나 빅 데이터 분석을 통해 유권자들의 성향을 세분화하고 맞춤형 마케팅을 실시하고 있다. 2012년 미국 대선에서 오바마 캠프는 2천 5백만 명의 페이스북 계정과 1천 2백만 명의 트위터 계정을 모아 유권자별로 차별화된 마케팅을 펼쳤다.

1 소녀: 하나, 둘…… (아이가 꽃잎을 떼고 있다) 2 소녀: 여덟, 아홉…… 3 (V/O) 열, 아홉, (…) 둘, 하나, 영 (아이의 얼굴이 클로즈업된다) 4 (V/O) 세계를 신의 자녀들이 살 수 있는 곳으로 만들 것입니까, 암흑에 빠질 것입니까. ('제로'와 함께 핵폭발이 일어난다) 5 (V/O) 우리는 서로 사랑해야 합니다. 그렇지 않으면 죽습니다. (검은 연기와 화염이 치솟는다) 6 (V/O) 11월 3일, 존슨에게 투표하세요.

우리나라 선거 포스터는 1960년대까지 후보자 기호를 숫자 대신 작대기로 표시했다. 높은 문맹률 때문이었다. 컬러 포스터가 등장한 것은 1987년 대선부터였다. 위의 사진은 1967년 대선에 출마한 윤보선 후보(기호 3번), 1987년 대선에 출마한 노태우 후보, 1992년 대선에 출마한 김영삼 후보의 선거 포스터다. 아래 사진은 1988년 총선, 2000년 총선, 2014년 지방선거에 출마한 김부겸 후보의 선거 포스터다.

한편 우리나라 정치 광고의 역사는 길지 않다. 구한말 독립협회에서 독립심을 고취하는 광고를 신문에 게재하긴 했지만 그래픽을 활용한 정치 광고는 1963년 대선부터 나타났다. 당시 공화당 박정희 후보는 10만 표 차이로 당선되었는데, 신문 광고에 공화당 심벌인 황소를 그려 넣고 가난한 농민의 아들로 태어나 부지런히 일할 인물이라 홍보한 전략이 주효했다. 1971년 대선부터는 텔레비전 정견 발표가 실시되었다.

현대적 의미의 정치 광고가 도입된 것은 1987년 직선제 개헌 이후다. 1987년 대선에서 노태우 후보는 홍보 전문가를 영입해 선거를 치렀다. 전두환 정권이 창당한 민주정의당의 대선 후보로 출마한 노태우는 '보통 사람'이라는 슬로건을 내놓았다. 군인 출신이란 이미지를 벗기 위한 고도의 전략이었다. 2012년 서울시장 보궐선거에서 박원순 후보의 "내 삶을 바꾸는 첫 번째 시장", 2012년 대선에서 민주당 손학규 경선 후보의 "저녁이 있는 삶"도 정치권에서는 잘된 슬로건으로 꼽는다.

텔레비전 광고도 선거 판세를 흔드는 요소였다. 1997년 대선 당시 72세였던 김대중 후보는 건강 문제가 논란이 되자 인기 댄스 그룹 DJ-DOC의 노래 'DOC와 함께 춤을'을 개사해 'DJ와 함께 춤을' 광고를 만들었다. 방송이 나가고 아이들이 노랫말을 따라할 만큼 큰 인기를 끌었다. 2002년 대선에서는 노무현 후보가 기타를 치며 눈물을 흘리는 '노무현의 눈물' 광고가 유권자들의 감성을 건드리며 득표와 연결되었다.

정치 광고의 중요성을 일찍부터 알았던 김부겸은 첫 출마였던 1988년 총선에서 18쪽짜리 만화 홍보물로 자신을 알렸다. 1996년 총선에서는 유세 차량에 텔레비전과 비디오를 매달고 다니며 유세 영상을 틀었다. 국내에선 처음 시도되는 방식이어서 언론에 소개되기도 했다. 2000년 총선에서는 ARS를 이용한 선거 운동을 펼쳤다. 지금은 널리 쓰이지만 당시만 해도 새로운 기법이었다. 386컴퓨터에 ARS 보드를 꽂고 여론 조사를 돌렸다. 당시 군포시 시내 전화는 031-393-0000번에서 396-9999번까지였다. 무작위 추출한 번호로 전화를 걸어 김부겸의 이름도 알리고 여론 조사도 실시했다. 2012년 총선에선 휴대폰 게임 어플리케이션을 개발했다. 김부겸 캐릭터에 똥침을 날려 점수를 얻는 게임이었다. 일정 수준 이상의 점수를 얻으면 김부겸 캐릭터가 '열심히 하겠습니다'라고 말한다. 2014년 지방선거에서도 일정과 메시지를 교환할 수 있는 어플리케이션을 배포했다. **b**

in-depth story

091

INTERVIEW

"지역주의라는 괴물과 싸우기 위해 나는 대구로 간다."
김부겸은 민주당에서 정치를 시작한 정통 민주당 출신이다.

김부겸 전 국회의원은 달변가였다. 치밀한 논리와 현란한 수사로 무장한 교과서적 화술은
아니었다. 오히려 그 반대였다. 괄괄한 음성은 변두리 복덕방 아저씨 같았고 간간이 터지
는 마른기침은 대화의 맥을 툭툭 끊었다. 어조는 삽시에 오르내렸고 손짓은 크고 투박했
다. 김부겸의 말은 사실을 전하는 앵커의 말이 아니라 감정을 전하는 배우의 말이었다. 정
제되지 않은 그의 말은 그 말이 지닌 본래 의미를 자주 벗어났고 온몸으로 들어야 간신히
이해할 수 있었다. 그러다가도 민감한 질문에는 사전적 의미밖에 남지 않은 반듯한 말로
응수했다. 그는 묻는 말에 답하지 않고 하고 싶은 말로 갈음하는 법을 알고 있었다. 공수가
쉼 없이 바뀌는 우리 정치 환경을 보는 듯했다. 정치한 언어로 승부하는 여의도 바닥에서
반평생을 보낸 정객다웠다. 나는 김부겸을 세 번 만났다. 승패가 갈리는 자리였다면 세 번
만나 세 번 모두 완패한 셈이다. 이번 인터뷰는 실패의 기록이다.

지난여름 그를 처음 만났다. 대구시장 선거에서 떨어지고 두 달이 지난 뒤였다. 인터뷰 약
속을 잡으면서 집 주소를 물었다. "대구시 수성구⋯⋯"까지 듣고 서울 주소로 다시 물었
다. 그가 말했다. "서울에 집 없는데?" 그는 여전히 대구에 있었다. 창밖으로 팔공산이 내
다보이는 널찍한 아파트에서 그는 아내와 단둘이 살고 있었다. 장성한 자식들을 떠나보낸
중년 부부의 집이 대개 그러하듯 살림은 단출했다. 치펀데일풍의 거실 서랍장 위엔 세 딸
의 사진이 담긴 작은 액자와 손자가 보낸 그림 편지가 놓여 있었다. 한여름의 대구라 더위
를 각오하고 왔지만 비가 내려 그리 덥지 않았다. 우리는 거실 소파에 앉아 선풍기를 돌렸
다. 지방선거 이후의 근황부터 물었다.

낙선하시고 요즘 어떻게 지내십니까? "선거 때 도와주신 분들 찾아뵈면서 인사도 드리고 이런저런 강연들도 다니고 있어요."

지난 선거는 분위기가 썩 괜찮았는데요. "대구 시민들 가슴속에 응어리진 것들이 터져 나온 것 같아요. 임계점을 넘는 순간 선거 혁명이 일어나지 않을까 하는 기대도 했지만, 선거를 한두 번 치른 게 아니니까 그런 호응과 지지가 실제 투표로 직결되지는 않는다는 걸 염두에 두고 있었죠."

호의적인 반응이 투표로 이어지지 않은 건 어째서일까요? "야당한테 대구를 넘겨줄 마음의 준비가 아직은 안 된 거죠. 더구나 박 대통령 임기 초반이라 대구에서 야당 시장이 나오면 국정 운영에 부담이 되지 않겠나 하는 걱정들도 있으셨어요."

무소속으로 출마했다면 당선되었을 거라고 말하는 사람들이 있습니다. "차라리 무소속으로 나왔으면 찍어 줄 텐데 야당이라 못 찍겠다고 하신 분들이 실제로 있었어요. 당선만을 바란다면 무소속이 더 이득이겠지만 그런 편법을 쓰는 건 시민들에 대한 예의가 아니죠. 무엇보다 제가 대구에서 정치를 하려는 이유가 시민의 손으로 지역주의를 깨겠다는 것이기 때문에 그렇게는 할 수 없었어요."

그런데 대구시장 선거는 왜 나오신 겁니까? "사실 이번 선거는 안 나오려고 했어요. 국회의원 선거 떨어지고 2년 만에 모든 역량을 다시 투입해야 하는데 그게 쉽지 않았거든요. 나도 그렇고 주변 사람들도 그렇고 에너지가 다 소진됐으니까. 그래서 이번엔 아니라고 생각하고 긴 안목으로 한국에 대해 공부하려고 미국에 갔던 거예요. 출국하기 전에 대구시당위원장(홍의락 의원)한테 내가 그랬어요. '대구시장 선거가 쉽지는 않겠지만 시민들이 자존심 상하지 않을 수준의 지식인으로 한번 물색해 보시오. 그분을 시장 후보로 앞세우고 우리가 뒤에서 밀면 그렇게 흉한 결과는 나오지 않을 겁니다.' 이렇게 말하고 미국을 다녀왔죠. 그런데 귀국하기 한 달 전쯤 지역 언론에서 '김부겸, 대구시장 나오나 안 나오나' 이런 식으로 자꾸 몰고 가더라고. 나하고 전화 통화도 안 됐는데 '나오게 될 것', '결심한 듯' 이런 보도를 막 해 대는 거라. 막상 1월 말에 귀국하니까, 이건 뭐 참, 안 나간다고 말하기가 어려운 상황이 만들어졌더라고."

그는 반말과 존대를 섞어 말했다. 만난 지 30분 만에 거리감을 느낄 수 없었다.

그래서 바로 수락하신 겁니까? "일단 계속 핑계를 대면서 미뤘죠. 도대체 뭐라고 얘기를 해야 시민들도 동의를 할까 궁리를 했는데 이게 쉽지 않더라고. 그래서 야권 통합이 안 되어 있다는 핑계를 대고 이 사람 저 사람 만나서 의견을 구하고 있었어요. 그때 안철수 신당이 추진되고 있어서 야권이 분열된 상태였거든. 그런데 3월 2일 새벽에 민주당과 안철수 신당이 통합을 발표했어요. 이젠 빠져나갈 명분이 없어진 거라. 그래서 아이고, 모르겠다, 이래 되면 할 수 없다, 각오하고 뛰자. 그때부터 준비해서 3월 24일에 출마 선언을 했죠."

어려운 선거라는 걸 뻔히 알면서도 거절할 명분이 없어서 나오셨다는 말인가요? "이기기 어려운 선거란 건 알고 시작했는데…… 다만 야권에서 이번에 후보를 못 내면 완전히 초토화되잖아. 시장 후보 하나 못 내는 그런 정당이면 2년 후에도 보장이 없어요. 어떻게든 야당의 존재를 시민들에게 알려야 되겠더라고. 시민들도 한 정당이 30년간 독점한 것에 대한 피로감이 있었어요. 여기에 답을 해야 할 필요성을 느꼈죠. 그래서 제가 총대를 멘 겁니다."

2012년 총선에도 대구에 출마하셨는데 그땐 계기가 뭐였습니까? "2010년부터 고민은 하고 있었어요. 머리로는 결정을 내렸는데 선뜻 실행에 옮기지 못하고 있었죠. 그렇게 시간을 흘려보냈는데 2011년 연말에 정장선 의원이 불출마 선언을 했어요. 이렇게 패싸움만 하는 정치에 질렸고 이래선 앞길이 보이지 않는다고 하더라고. 거기서 쇼크를 먹었죠. 정치인이 불출마를 하면 백척간두에서 뛰어내리는 셈인데, 정장선이 저런 고민을 할 동안 나는 왜 더 깊은 고민을 하지 않았을까. 그러면서 정치에 입문할 때가 떠올랐어요. 국민을 통합하는 전국 정당을 만들겠다는 꿈이 있었는데…… 나도 이젠 시간이 없잖아. 그때 벌써 50대 후반으로 들어서고 있었으니까. 그래서 아이고, 이제 안 되겠다, 뛰어들어야겠다, 이렇게 됐죠."

본격적으론 얼마나 고민하신 겁니까? "정장선 의원이 불출마를 선언하고 한 2, 3주 정도? 집사람한테 결심을 통보하고 집사람 얘기도 듣고. 이러고저러고 하는데 한 달 정도 시간이 걸렸다고 보면 돼요."

사모님께선 뭐라고 하시던가요? "그게 제일 문제였죠. 집사람이 반대하면 내가 관철할 힘이 없거든. 그래서 '국회의원 세 번이나 했는데 월급이나 타는 정치인이 되어선 곤란하지 않겠냐' 이러면서 설득했죠. 국회의원이 직업은 아니잖아요. 특정한 시기에 부여받은 일시적 대표일 뿐이지. '국회의원을 직업으로 삼기 시작하면 초라해진다. 내가 이런 정치를 하려고 한 건 아니지 않느냐. 대구 가서 마지막 도전을 해 보겠다' 이렇게 마누라한테 사실상 강압을 했죠. 그랬더니 '아이고, 저 화상. 내 그럴 줄 알았다' 하면서 한번 해 보라고 해서 시작했는데, 사실 가족들한텐 좀 혹독했죠."

그런데 하필 대구의 강남이라는 수성갑을 택하셨습니다. "거기에 오피니언 리더들이 많아요. 방송국, 관공서가 몰려 있어서 대구 전역에 메시지를 전파하는 지역이거든요. 우리당 소속 다른 후보들한테 도움이 되려면 수성갑에서 승부를 걸어야 한다고 봤어요."

당시 선거 홍보물에 이런 내용이 있습니다. 젊은 시절에 대구에 오면 친구들이 '김대중 앞잡이다', '빨갱이다' 이랬다는. "30대 중반부터 야당 생활을 하면서 대구에 드나들었는데 40대까진 그랬죠. 친구들이 만날 때마다 그래요. '야, 넌 왜 빨갱이 같은 당에서 정치를 하냐?' 뭐 이런 식이었죠."

반대로 민주당에선 영남 출신이라서 손해를 보시죠? "그렇죠. 영남이냐 호남이냐를 따지는 게 문제 해결엔 조금도 도움이 되지 않는다는 걸 모두 알면서도 그 틀을 깨려고 하지 않아요. 틀 안에 있으면 안전하니까. 내가 사는 데는 지장이 없으니까. 그럼 뭐가 작살나겠어요? 대한민국 전체가 서서히 가라앉는 거예요. 그럼 거기서 누가 죽어 나가요? 결국 서민이에요. 내 자식이 일자리 못 찾고, 내 남편이 다니는 중소기업이 어렵고, 퇴직금 털어 넣은 자영업이 힘들어도 지역주의라는 기득권에 안주한 정치인들은 아무도 관심이 없다고. 왜? 그럴 필요가 없으니까. 선거 때 공천장만 들고 가서 흔들면 되니까."

민주당에서 영남 출신이라 받은 설움과 대구에서 민주당이라 받은 설움 중에 어느 쪽이 더 가슴 아프십니까? "난 그래도 국회의원이라도 하다 갔으니 덜한 편이죠. 지금 제일 어려운 건 대구에 살면서 민주당을 지지하는 사람들이에요. 대구에 선거구가 12개인데 우리 당원이 천 명밖에 안 돼요. 호남에선 한 선거구에 당원이 몇 만 명씩 있다고. 대구시 전체를 통틀어 천 명이면 그 사람들은 여기서 거의 이방인이지, 이방인. 내가 겪은 설움하곤 비교도 안 되죠."

당원이 그거밖에 안 되면 선거 때 정말 힘들었겠습니다. "2012년 총선 때는 정말 기가 막히더라니까. 인사하면서 명함을 돌리면 명함을 째거나 던지는 사람이 많았어요. 그런데 이번 지방선거 때는 적어도 그런 건 없었죠. 이 사람들이 드디어 야당 인사한테 지지 표시를 했다고. 사람들 보는 앞에서 박수도 보내고 함성도 지르고 손도 흔들고 음료수도 사 주고. 이게 나로선 큰 보람이었어요. 아, 정치 변화가 시작되었구나. 그때나 지금이나 표는 쉽게 안 주겠지만 그래도 대구에서 야당 후보를 지지한다는 것 자체를 두려워하지 않게 된 그런 분위기를 읽었어요. 난 거기서 자부심을 느껴요. 이번 지방선거에서 우리 기초, 광역 의원들이 민주당 기호를 달고 14명이나 됐다고. 저번엔 넷밖에 안 됐거든요."

지난 7월 재·보궐 선거에선 전라남도 순천·곡성에서 새누리당 이정현 후보가 당선됐죠. "그때 떨어진 서갑원 후보가 아주 친한 후배예요. 개인적으론 참 안타깝죠. 그런데 크게 봤을 땐 이정현 씨가 구질구질한 지역주의에 금을 낸 것이니까 아무리 칭찬해도 부족하지 않죠."

지역주의를 깨겠다는 브랜드 이미지를 선점당한 건 아닐까요? "에이, 그걸 그렇게 보면 안 되지. 호남에서 한때 1퍼센트를 얻었던 사람이 19년 만에 뜻을 이뤘는데 마음으로 축하해 줘야죠. 다만 이정현 씨가 당선됐다고 지역주의가 깨진 건 아니에요. 제비 한 마리가 왔다고 봄이 온 건 아니잖아요. 하지만 한 마리 제비라도 와야 봄은 시작됩니다. 이제 지역주의를 가지고 정치적 이익을 취하는 세력들은 점점 더 창피하게 될 거예요. 왜냐면 대중이 이제 그걸 알았으니까. '나쁜 놈의 자식들, 열심히 노력할 생각은 않고 그런 걸 가지고 우리를 놀려 먹었구나' 하고 생각하게 되는 거예요. '우리는 경상도고 쟤는 전라도야' 이러면서 표를 준 게 얼마나 후회되겠어요."

영남과 호남의 지역주의에 차이가 있습니까? "호남 지역주의가 저항적 지역주의라면 영남 지역주의는 패권적 지역주의라 할 수 있어요. 그런 차이는 있지만 결과적으로 지역주의라는 건 거울 효과예요. 서로가 서로에게 핑계를 대는 거라. 쟤들은 저러는데 우리가 왜? 이걸 가지고 무려 30년을 해먹었단 말이죠. 이젠 끝낼 때가 됐어요."

깃발만 꽂으면 당선되는 것도 결국 민의民意 아닙니까? "개개인의 노력 차가 있으니까 함부로 일반화할 순 없지만 아무래도 수도권 의원들은 부지런해야 살아남아요. 문제 제기 현장에 직접 달려가서 우리 사회의 흐름을 놓치지 않으려고 노력해야 한다고. 안 그러면

따라잡지를 못하니까 열심히 뛰는 수밖에 없어요. 그런데 양당 강세 지역인 영호남 의원들은 그렇게 절박하진 않아요. 왜? 그게 이슈가 되지 않으니까. 그런 점에서 지역주의는 정치인을 게으르게 만들죠. 선거 때 손만 흔들면 쉽게 당선되니까 공동체의 미래에 대한 고민을 덜하게 만들어요."

왜 그렇게 지역주의에 집착하십니까? 그냥 편하게 정치하시지. "20년 전에 국민통합추진회의(이하 통추)를 만들어서 함께 뛰던 우리 선배들하고 한 약속이 있어요. 지역주의를 넘어서 국민 통합을 이루어 내겠다는 건데…… 그때 그 선배들 중에 제정구 의원, 노무현 대통령은 돌아가시고…… 통추의 막내인 나만 남았죠. 내가 마지막으로 한번 도전해 보고 끝내겠다, 이런 생각이죠."

이날 그는 서울에서 약속이 있었다. 낙선한 정치인이 뭐가 그리 바쁘냐고 농담조로 물었더니 수첩을 꺼내 보여 주었다. 인터뷰 앞뒤로 일정이 빼곡했다. 그는 선거에서 떨어지고 더 바빠진 정치인이다. 이를 방증하는 자료도 있다. 최근 한 달간 그가 거명된 기사는 1127건, 대구시장이 거명된 기사는 781건이다. 기차 시간에 임박해서 우리는 헤어졌다.

며칠 뒤 서울 강남의 한 커피숍에서 그를 다시 만났다. 부슬비가 내리는 날이었다. 그는 약속 장소에 먼저 나와 있었다. 커피숍 개점 시간이 지났지만 문이 닫혀 있어 차양 밑에서 비를 긋고 있었다. 남색 재킷에 파란 셔츠. 처음 만난 날과 같은 복장이었다. 우리는 길 건너편 커피숍으로 이동했다. 한 우산을 쓰고 걸으며 물었다.

서울에 오시면 어디서 주무십니까? "둘째하고 셋째가 여의도에서 같이 살아요. 그 집 거실에서 잡니다."

김부겸 내외는 3녀를 두었다. 둘째 딸은 탤런트 윤세인이다. 본명은 김지수. 데뷔 초에 아버지가 정치인이라는 사실을 숨기려고 가명을 썼다. SBS 일일 연속극 '잘 키운 딸 하나'에 주연으로 출연했다. 드라마 제목처럼 지난 선거에서 아버지를 톡톡히 도왔다. 젊은 유권자들의 호응이 상당했다. 큰딸은 가정주부, 막내딸은 중앙대학교 영어교육과 1학년에 재학 중이다.

떨어져 사시니 걱정이 크시겠어요. "늘 걱정이죠. 매일 밤 10시에 딸들을 체크한다고 전화를 하는데, 이것들이 전화를 잘 안 받지."

이렇게 말하면서 그는 휴대 전화를 만지작거렸다. 3선 의원에 차기 대권 주자로 거론되는 정치인도 집에선 평범한 아버지였다. 우리는 커피숍 창가에 앉았다. 김부겸은 따뜻한 녹차를 주문했다.

호적 나이와 실제 나이가 다르다고 들었습니다. "원래 56년 12월생인데 출생 신고를 58년 1월에 했어요."

김부겸은 1956년 12월 21일 경북 상주에서 1남 3녀의 장남으로 태어났다. 아버지는 직업 군인이었다. 장기 하사관으로 지원해 공군 중령으로 예편했다. 학구열이 높았던 아버지는 아이가 워낙 영리해 초등학교를 2년 일찍 보냈다.

만 5세 때 초등학교에 입학하셨습니다. "같이 놀던 친구들이 학교 간다고 다 없어졌어요. 나도 떼를 써서 따라갔죠. 갔더니만 교장 선생님이 '며칠 다녀 보고 힘들면 내년에 다시 와라' 이러셨어요. 그런데 그대로 계속 다니게 됐죠. 그땐 학사 관리가 그렇게 엄격하진 않았거든. 유치원 개념도 없을 때니까 집에서 놀던 애들이 오면 받아 주고 그랬어요."

집에서 학교까지는 십 리 길이었다. 시골길이라 길도 험했다. 같은 학년보다 머리통 하나는 작았던 그는 비가 오나 눈이 오나 학교에 갔다. 아플 땐 어머니 등에 업혀 등교했다. 그러다 초등학교 5학년 때 아버지의 전근으로 대구초등학교로 전학한다.

부모님 교육 방침은 어땠습니까? "어머니는 특별히 없으셨는데 아버지가 엄격하셨어요. 대구로 전학 가고 나서는 공부를 아주 세게 시키시더라고. 학교 성적이 나쁘면 매도 드시고. 일종의 스파르타식 교육을 받은 셈이지. 고등학교 입학할 때까지 그랬어요."

맞아 가며 공부하셨는데 당시 최고 명문인 경북중학교엔 떨어지셨어요. "그땐 중학교 입시도 전기, 후기가 있었어요. 전기에 경북중학교에 원서를 냈는데 체력장 시험에서 20점 만점에 3점밖에 못 받았죠. 체력장 할 때 아버지가 군복을 입고 오셔서 참관하셨는데 우시는 것 같았어요. 경북중학교에 떨어지고 후기로 대구중학교에 갔어요. 고등학교 입시 때도 전기는 떨어지고 후기에 대구고 입학해서 1년 다니다가 고입 시험을 다시 쳐서 경북고에 들어갔어요. 고등학교 1학년만 두 번 다닌 거죠."

대입도 재수를 하셨죠. "75년도에 전기로 서울대 떨어지고 후기로 성균관대 법학과에 들어갔죠."

성균관대는 왜 그만두셨어요? "한 학기쯤 다니다가 사법 고시를 보려고 책도 사고 그랬는데, 긴급조치 9호가 선포되면서 박 대통령의 강권 통치가 강화되었죠. 거기에 반발이 좀 있었던 것 같아요. 이런 시국에 고시 합격해서 뭐 하겠냐 하는 생각이 들었어요. 차라리 재수를 해서 사회 계열을 공부해야겠다고 생각했죠."

재수 공부는 어디서 하셨습니까? "대성학원 다녔지. 그때도 학원이 있었거든요."

경북고 간다고 재수하고 서울대 간다고 재수하고. 흔히 말하는 일류 고교에 일류 대학을 한사코 들어가신 건데, 그래야만 했던 이유라도 있습니까? "특별히 그런 건 없었는데…… 친구들이 다 거기 가니까 나도 가야지 하는 분위기가 있었어요. 물론 대학에 들어갈 때는 막연하게나마 성취동기를 높이고 싶은 마음이 있었지만 고등학교 때까진 친구 따라 간 거죠."

외아들이라 아버님의 기대가 컸기 때문은 아닌가요? "그런 부분도 없지 않아 있었겠죠. 아버님이 공부에 대한 열의가 대단하셨거든요. 직업 군인을 하시면서 야간 대학도 다니셨어요. 공부에 대한 한 같은 게 있으셔서 당신 아들이 고시 공부를 해서 관료가 되길 바라셨어요."

관료가 되길 바라셨는데 운동권 학생이 되셨습니다. "성균관대를 다니면서 이념 서클에 잠깐 적을 뒀어요. 그러다 1학년 중간에 학교를 관두면서 별 인연이 없었는데, 시대 상황과 맞물리면서 서울대에 입학해서 곧바로 농업경제학회에 가입하게 됐죠."

대학교 2학년 때 긴급조치 9호 위반으로 구속되셨습니다. 아버님께서 실망이 크셨겠죠? "1977년 11월 서울대 도서관 점거 시위 사건으로 구속됐어요. 아버지는 기가 막히셨겠죠. 하나 있는 아들이 사고를 치니까 직업 군인으로서 앞길도 막막하셨을 테고. 석방될 때까지 딱 한 번 면회를 오셨어요. 현역 군인이 면회 오기가 쉬운 일은 아니죠. 더구나 정복을 입고……."

오셔서 뭐라고 하시던가요? "별다른 말은 없죠. 부모 입장에서 자식이 감방에 있는데 무슨 말을 하겠어요."

1980년에는 5·17 계엄령 위반으로 신문에 사진까지 실리면서 공개 수배되시는데. "그때 아버지가 아주 곤욕을 당하셨죠. 태백공사라고 보안사령부 대구지역분실에 아버지

가 연행되셨어요. 아들 찾아내라고 열흘 이상 감금되어 있으셨죠."

김부겸의 부친 김영룡 선생은 아들이 신군부의 수배자가 되자 대구시 중구 공평동에 있는 국군보안대에 끌려갔다. 보안대 요원들은 현역 중령이던 그를 피 묻은 작업복으로 갈아입히고 자식을 잘못 가르쳤다는 반성문을 쓰게 했다. 열흘 동안의 지옥살이였다. 운동권 선배를 통해 아버지 소식을 접한 김부겸은 계엄사령부에 자진 출두했다. 이후 김영룡 선생은 부산 지역으로 좌천되었고 진급은 생각도 할 수 없었다.

아버님 소식을 들었을 때 하늘이 무너지는 기분이었겠군요. "제일 기가 막힌 건 연좌제로 옷을 벗겼다고 하면 그만인데 연행이 됐잖아요. 당시 전두환이란 사람은 앞뒤를 가리지 않으니까 어떻게 될지 몰랐죠. 그 와중에 김대중 내란 음모 사건의 전모가 발표됐어요. 그러면서 내가 크게 관여되어 있지 않다는 게 밝혀졌죠. 그래서 자수를 했어요."

끝까지 저항해야겠다는 생각은 없었나요? "물론 고민은 있었지만 아버지가 구속되어 있다니까 다른 걸 고려할 여지가 없었죠. 내 가족이 거기 있는데 어쩌겠어요."

그해 8월 말에 공소 기각으로 석방되고 대구로 내려가셨습니다. "학교에서 제적당하고 나니까 서울에 있을 이유가 없었어요. 대구에서 뭔가 해 보겠다고 소모임도 만들고, 생계 기반을 마련한다고 독서실도 하고 복사실도 했죠."

독서실은 알겠는데 복사실은 뭐하는 곳입니까? "대학교수나 지식인들을 상대로 외국에서 발행되는 전문 서적이나 이념 서적을 팔았어요. 일반인 대상으론 서울에서 나오는 서적들을 복사해서 배포했죠. 우선 먹고살아야 하니까 교재도 만들고 영업도 많이 다녔어요."

그렇게 1년 반 동안 그는 고향 대구에 착실히 뿌리를 내리고 살았다.

"1982년 2월에 대구에서 결혼을 했어요. 그때까지만 해도 대구에서 계속 살 작정이었죠. 그래서 이런저런 일들도 자꾸 벌였고. 그러다 1983년 추석 바로 다음 날 대구 미국문화원 폭파 사건이 터지면서 서울로 올라오게 됐습니다."

그 사건과 상경이 무슨 상관입니까? "당시 대구만 해도 공안 사건을 제대로 다뤄 본 경험이 없었어요. 그러니까 무조건 운동권 출신부터 잡아갔죠. 잡아가면 어디 점잖게 수사해요? 일단 때리고 보는 거지. '대구에선 자생적으로 이런 일이 발생할 수 없다. 분명히 외부에서 폭탄이 반입됐을 것이다. 그럼 외부에 끈이 있는 사람이 누구냐. 서울에서 학생 운동을 한 김부겸 아니냐' 이런 식이었어요. 세 차례나 연행됐죠. 처음엔 일주일, 그 다음엔 열흘, 그 다음엔 보름을 붙잡아 놓고 계속 쪼아 대니까 이건 뭐 도저히 견딜 수가 없는 거라. 생계도 안 되고. 그래서 1984년 1월에 집사람하고 갓 돌 지난 애하고 야반도주하듯 서울로 갔어요. 이삿짐이라고 해 봐야 1톤 트럭에 찬장하고 이불 보따리 몇 개 얹어서."

무작정 상경했는데 생계는 어떻게 하셨어요? "서울에 와서 전자 회사를 잠깐 다녔어요. 그런데 내가 앞으로 사업을 하거나 직장을 다닐 가능성은 없고, 결국 재야 생활을 하게 될 텐데 그러려면 경제적 기반을 마련해야겠더라고. 그래서 시작한 게 서점이에요. 얼마 전에 돌아가신 김태경 선배(강금실 전 법무부 장관의 전 남편)하고 유재현(소나무출판사 대표)하고 셋이서 신촌에 '오늘의 책'이란 서점을 내고, 그다음에 '이론과 실천'이란 출판사를 냈어요."

사업 자금은 어디서 나셨어요? "은행 대출을 받았죠. 나는 학생 운동만 해서 그런 건 잘 몰랐어요. 다행히 집사람이 결혼 전에 한국은행에 다녀서 그런 데 밝았어요. 여기저기 네트워크를 동원해 은행 융자를 받았죠."

서점을 차리고 재야 활동을 하다가 제도 정치권에는 어떻게 입문하게 되셨습니까? "1985년 국회의원 선거 때 이철 선배가 출마했어요. 선후배 몇이 돕는다고 갔는데, 그때 지원팀장이 지금 국회의원 하는 설훈 선배였고, 제가 일종의 조직부장 역할을 했어요. 실무자 중에 이해영(한신대 교수)도 있었고. 고려대 학생들을 비롯해서 성북 지역에 있는 300명 이상의 학생들이 선거 운동을 하고 다녔어요. 그때까지 말 한마디만 해도 잡아가던 경찰이 선거판이니까 손도 못 대더라고. 고함도 치고 유인물도 뿌리는데. 합법 공간의 영향력을 그때 처음 깨달았죠. 재야 활동 할 때는 지라시 하나 뿌리는 게 전부였거든. 얼마나 보잘 것 없어요? 막말로 건물 근처 몇 사람만 볼 수 있는 건데. 그런데 이건 뭐 몇 백 명이 휘젓고 다녀도 아무도 건드리질 않으니."

여기서부터 좀 복잡한 정당사가 나온다.

"87년 6월 항쟁이 끝나고 12월 대선까지 합법적 공간이 열렸어요. 재야 세력도 정치 세력화를 해야 한다는 주장이 그때부터 나오기 시작했죠. 그러다 그해 대선에서 양김이 분열하면서 노태우한테 지니까 재야에 두 가지 흐름이 나타났어요. 하나는 DJ를 강화하는 평화민

104

주통일연구회(이하 평민련) 흐름이고, 또 하나는 독자적 힘을 구축하자는 독자 정당 창당 흐름이었죠. 이해찬, 문동환, 이런 분들이 중심이 된 평민련은 DJ의 평화민주당에 입당해서 국회의원 당선자도 내면서 제도 정치권에 착근을 했어요. 독자 정당 창당 세력은 다시 두 갈래로 나뉘는데, 하나는 제가 참여한 한겨레민주당이고, 다른 하나는 민중의 당이에요. 결국 둘 다 실패하죠."

그러다 1991년에 '꼬마 민주당'에 입당하십니다.

"한겨레민주당이 실패하고 당시 재야에서 가장 큰 조직이었던 전국민족민주운동연합(이하 전민련)이 정치 세력화를 결정해요. 그러면서 민연추라는 기구를 만듭니다. 민연추에는 방금 얘기한 독자 정당 추진 세력들이 전부 다 들어와 있었어요. 거기에서 독자 정당으로 갈 것이냐, 야권 통합을 이룰 것이냐를 놓고 또 다시 갈라지죠. 이부영, 제정구, 유인태, 원혜영, 이런 선배들과 저는 야권 통합을 하자는 쪽이어서 그때 제도 정치권으로 들어왔고, 독자 정당을 하자는 이재오, 김문수, 이우재 그룹은 민중당을 만들어요."

민연추는 '민중의 정당 건설을 위한 민주연합추진위원회'의 약칭이다. 민주연합에 방점이 찍히느냐, 민중의 정당 건설에 방점이 찍히느냐에 따라 노선이 갈라진 것이다.

민연추를 탈퇴한 김부겸 일행은 '꼬마 민주당'에 입당한다. '꼬마 민주당'은 1990년 3당 합당을 거부한 이기택, 노무현, 김정길 등 통일민주당 탈당파 5인과 무소속 박찬종, 이철 등에 의해 창당되었다. 의석수가 적어 '꼬마 민주당'으로 불렸다. 1991년 3월 지방선거에서 여당인 민주자유당이 대승을 거두자 야권 통합의 필요성이 제기되었고, 그해 9월 '꼬마 민주당'은 김대중 총재의 신민주연합당(구 평화민주당)과 합당해 통합된 민주당이 출범한다. 그는 당시를 이렇게 기억한다.

"그때 우리 '꼬마 민주당'엔 국회의원이 여덟 명밖에 없었어요. 하지만 그 면면을 보세요. 이기택, 노무현, 김정길, 이철, 홍사덕, 박찬종, 장기욱, 장석화, 나중에 보궐선거로 들어온 허탁 의원까지. 멤버들이 짱짱하잖아요. 그 여덟 명의 민주당과 김대중 총재가 이끌던 70석의 신민당이 합쳐서 만든 게 지금 우리가 얘기하는 민주당이에요. 마포 당사에 자리를 잡고 아주 단단한 정당을 만들었죠."

민주당에 들어와선 무슨 일을 하셨습니까? "노무현 대변인, 홍사덕 대변인 밑에서 부대변인을 했어요. 박지원, 박우섭(현 인천시 남구청장), 저, 이렇게 셋이서 부대변인을 맡아서 성명서 초안을 썼죠. 박지원 씨는 김대중 총재의 언론 창구였으니까 다른 사람들보다 더 바빴고."

그렇게 단단했던 정당이 DJ 정계 복귀로 쪼개집니다. "95년도 지방선거에서 민주당 조순 후보가 서울시장에 당선됐어요. 이제 야권도 인물과 실력을 갖추면 정권 교체를 할 수 있겠구나 하는 생각에 흥분했죠. 그런데 조순 시장이 당선되고 일주일인가 지났는데 신문에 DJ가 분당을 검토한다고 나온 거야. 말이 안 되잖아."

언성이 점점 올라가고 있었다. 일부러 어깃장을 놓았다.

정치인이 당을 만드는 게 왜 왜 말이 안 됩니까? "그게 아니지. 그때까지 DJ가 공식적으로 정계 복귀는 안 했지만 지방선거에서 상당히 큰 역할을 해 주셨다고. 그 부분에 있어서는 우리가 감사를 드리는데, 갑자기 신당을 만든다, 민주당이 깨진다, 이런 소문이 도니까 전부 술렁술렁하는 거예요. 그때 당의 장래를 걱정하는 사람들이 '그러지 마시라. 여기 다시 들어오시면 되지. 왜 신당을 만들려고 하시냐' 이런 얘기들을 했어요. DJ가 민주당 의원들을 하나씩 면담하면서 제정구 의원도 만났어요. 제정구가 이랬다고 하더라고. '나에게 배지를 달아 준 것도 총재님이고 정치 생활을 이렇게 성공적으로 할 수 있는 것도 총재님 덕분이다. 그러나 이번 분당은 명분이 없다. 명분 없는 재선, 3선 국회의원이 되느니 차라리 초선 의원으로 장렬히 전사하겠다.'"

1995년 9월 김대중 총재는 민주당 소속 국회의원 53명을 데리고 나가 새정치국민회의를 창당했다. 일부 비례대표 의원들은 의원직 유지를 위해 몸은 민주당에 있으면서 마음은 DJ 신당에 가 있었다. 민주당은 소속 의원 39명의 작은 정당으로 전락했다.

"그래도 정말 고마운 건 김원기, 장을병, 이런 분들이 민주당에서 버텨 주시는 덕분에 그 당을 가지고 우리가 총선 준비를 할 수 있었어요."

그때 왜 안 따라가셨어요? 다른 사람도 아니고 DJ인데⋯⋯. "사실 DJ하고 정치를 하고 싶은 마음이 있었어요. 큰 정치도 배우고 싶었고. 그래서 어지간하면 못 이기는 척하고 따라갈 생각이었는데, 그때 제정구 의원이 나이 마흔 전엔 명분을 따라야 한다고 호통을 쳐서⋯⋯ 그때 깨달았죠. 고작 서른일곱에 명분 없이 살면 되겠어요? 그 나이에 벌써 실리를 택할 순 없잖아. 그래서 팔자려니 하고 안 간 거지."

제정구 의원하곤 아주 각별하셨죠? "그 양반은 내 정치적 스승이죠. 암 투병을 하시다가 99년 2월에 돌아가셨는데 저한테는 제일 중요한 화두를 남기고 가셨어요. 돌아가시기 얼마 전에 서강대 대학원에 마지막 강연을 하러 가셨는데, 옛날에는 지나치던 것들도 살날이 얼마 안 남았다고 생각하니까 새롭게 보이더래요. 사람이든 풀포기든 돌멩이든 관계가 회복되는 것 같다면서. 상대를 이해하고 상대의 세계를 받아들여야 한다는 말씀도 하시고. 상호 대립적 관계가 아니라 상호 의존적이고 발전적인 그런 관계로 바뀌어야 한다면서 '너도 정치를 하려면 그렇게 해라' 이러셨죠. 지금 생각하면 그게 유언이 아니었나 싶어요."

대학 시절부터 이어진 제정구 의원과의 인연을 그는 한참 동안 이야기했다. 그는 오래전 일을 바로 어제처럼 말했는데 그 표정이 편안해 보였다.

DJ 안 따라서 고생한 게 후회스럽진 않습니까?

여기서 그는 한숨을 쉬었다.

"후회가 왜 없었겠어요. 민주당에 남아서 참 힘들었잖아요. 그때 민주당에 남은 사람들 중에 이기택계를 제외하고 나머지 분들이 통추를 만들었어요. 김원기, 노무현, 제정구, 유인태, 박석무, 원혜영, 홍기훈, 김정길, 이철, 김원웅, 이런 선배들이 있었고 내가 막내였죠. 실무 책임자로 천호선(현 정의당 대표)도 있었고. 우리가 전국을 돌면서 통합 운동을 했어요. '야권이 이래서는 안 된다. 지역주의를 넘어서는 정당을 한번 만들어 보자' 이러고 다녔죠."

노무현 전 대통령은 통추가 생길 때 부정적인 입장이었던 걸로 압니다. 취지엔 동감하지만 97년 대선 정국이 되면 어차피 다 찢어질 거라고……. "그런 고민은 다들 안고 있었지만 그때 우리는 뭔가 정치적 실체를 만들면 야권의 어떤 세력하고도 합칠 수 있다고 봤어요."

통추 시절에 노 대통령은 어땠습니까? "당시 우리 통추에서 '하로동선'이라는 식당을 차렸어요. 여름 난로와 겨울 부채라는 뜻인데 당장은 필요 없지만 잘 닦고 기다리면 언젠가 사람들이 다시 찾게 된다는 의미죠. 제법 호호탕탕히 시작했어요. 저는 일종의 영업 부장 역할을 맡아서 의원들한테 영업 상무 당번을 정해 주고 일주일에 두 번씩은 나와서 영업을

107

하라고 했어요. 그때 가장 열심히 한 사람이 노무현 대통령이었어요. 올 때마다 몇 십 테이블을 돌면서 소주를 40잔씩은 마신 것 같아. 지금 생각하면 그 시기도 아마 노무현한테는 새로운 대중을 만나는 기회였던 것 같아요."

한우 고깃집 '하로동선'은 지금의 서울시 강남구 역삼동에 있었다. 언론에 소개되면서 처음 1년은 재미가 쏠쏠했지만 이후론 적자만 보다가 문을 닫았다. 통추도 결성한 지 1년 만인 1997년 분열된다.

통추를 호기롭게 만드셨는데 결국 갈라서고 맙니다. "97년 대선이 다가오면서 통추 내에서 의견이 갈렸어요. 통추에서 독자 후보를 낼 것이냐, 아니면 다른 세력과 연대할 것이냐를 놓고 고민이 많았죠. 처음엔 그래도 우리 통추가 속한 정당이 민주당이니까 민주당의 틀을 이용하려고 조순 서울시장과 접촉했어요. 조순 시장도 동의했죠. 그래서 조순 시장을 민주당 대통령 후보로 옹립하게 돼요. 대선 레이스가 9월부터 시작됐는데 중간에 여론 조사를 하니까 이회창 후보가 제일 높고 그 다음이 김대중, 조순, 이인제 후보 순이었어요. 큰 차이는 아니고 비슷비슷하게 나오더라고.

처음엔 조순 후보도 힘을 내서 열심히 뛰었어요. 그런데 언제부턴가 지지율이 자꾸 처지더니 결국 10퍼센트대로 떨어져 버리더라고. 그러니까 이분이 못 견디는 거라. 직업 정치인이 아니니까 그랬겠지. 이 양반이 한참 고민하더니 이회창 씨하고 이인제 씨를 다 만나기 시작하더라고. 그러다 이회창의 깨끗한 정치, 조순의 튼튼한 경제인가, 하여튼 그런 식으로 두 사람이 연합하기로 결정해요. 이회창의 신한국당과 조순의 민주당이 합쳐서 신당 창당을 하게 되죠. 그게 한나라당이에요. 당명도 조순 총재가 직접 지었죠.

1997년 11월에 한나라당이 창당되는데 거기에 동의하지 않은 통추 멤버들은 DJ가 모셔가요. 김원기, 노무현, 김정길, 유인태, 원혜영, 이런 선배들이었어요. 거기서 우리가 갈라졌죠. 정치하는 사람으로서 정말 비참했어요. DJ가 민주당을 깨고 나가는 게 옳지 않다고 해서 DJ와 헤어졌는데, 독자 세력 구축에 실패하고 다시 DJ쪽으로 가니……. 그때 우린 울면서 헤어졌어요, 울면서."

당시 민주 진영에선 정권 교체가 우선이라는 생각이 지배적이지 않았나요? "우리 통추는 민주당 분당에 반대해서 거기까지 온 거였어요. 민주당을 깨고 신당을 만든 DJ에게 가는 건 부당하다고 봤어요. 게다가 DJP 연합도 있었잖아요. 그 연합에 가담하는 것이 과연 옳은 일인가 하는 생각들이 있었죠."

신한국당과 연합하는 것도 마찬가지 아닙니까? 민자당에서 간판만 바뀐 건데요. "그래서 고민이 많았어요. 친구들 만나서 얘기도 듣고 다녔지만 3김 정치는 여기서 끝내야 한다고 생각했어요. 절대자가 모든 걸 좌지우지하는 풍토 속에서 자기 고집이 있는 정치인들은 살아남기 어려울 거라고 봤어요. 그래서 제정구 의원을 따라 한나라당에 합류했죠. 게다가 그땐 이회창 후보에게 약간의 기대가 있었어요. 이회창은 원칙이 없는 저쪽과는 좀 다르지 않겠나, 또 막돼먹은 수구 우익들하곤 다르지 않겠나 하는 기대가 있었죠."

재야 운동을 함께 했던 선후배들이 뭐라고 안 하던가요? "많이 찾아뵙고 조언도 구했는데 그쪽도 입장이 갈리더라고. 당시엔 DJ에 대한 존경과 사랑도 있었지만 DJ가 민주당을 분열시킨 데에 상처들이 컸거든. 결국 나한테 가장 영향력이 컸던 제정구의 선택에 동참하게 된 거죠."

신한국당에 가담했다고 험한 말을 듣진 않았고요? "우리들의 고민이 언론에 자주 노출되어서 그런지 별 신경을 안 쓰더라고. 그리고 결과적으로 대선에서 DJ가 이겼기 때문에…… 허허. 그래서 이게 좀 잊혔죠."

한나라당과 민주당은 뭐가 다르던가요? "양쪽 다 활발한 토론이 어려웠어요. 한나라당은 위계질서가 있어서 시니어나 고위직들이 뭐라고 한마디 하면 추종하는 분위기가 있어요. 반면에 민주당은 이데올로기가 너무 강해서 현실을 고려하지 않고 '그건 틀린 겁니다!' 바로 이렇게 나오니까 다른 얘기들이 잘 안 나오죠."

그런 분위기 속에서도 조정자 역할을 많이 하셨지요. 비결이 있습니까? "상대에게 신뢰를 줘야죠. 내가 열린우리당 원내수석부대표로 여야 협상을 할 때 협상 파트너가 한나라당 남경필, 임태희 두 사람이었어요. 우리는 협상장에 들어가면 오래 안 끌어요. 바깥에서 언론이 지켜보고 있으니까 오히려 다른 얘기나 한참 하다 나간다고. 상대방이 어디까지 양보할 수 있고 나는 어디까지 내줄 수 있는지를 피차 아니까 그것만 조금 조정하면 되는 거죠. 상대편이 설 자리를 줘야 우리도 얻는 게 있어요. 우리가 길거리 투사라면 그럴 필요 없겠지만 의회 정치는 합의 없이 통과시킬 수 있는 게 없잖아요."

한나라당 출신이라 적당한 선에서 타협한 건 아닙니까? "제도 정치권에서 지켜야 할 덕목 중 하나가 공공성과 책임성이에요. 밖에선 개인이나 자기 집단의 이익을 위해 행동해도 욕할 바가 아니죠. 하지만 제도권으로 들어오면 공동체의 이익을 먼저 생각해야 돼요. 민주주의를 실현하라, 경제 민주화를 실천하라, 부정부패를 일소하라. 말은 누구나 할 수 있어요. 하지만 현실 정치인은 말이 아니라 해결책을 제시해야 돼요. 최선책이 어렵다면 타협해서 차선책이라도 내놔야죠."

운동권 출신들은 협상에 약하지 않나요? "안 그래요. 돌아가신 제정구 의원도 그랬고, 노무현 대통령도 그랬고…… 노무현 말은 과격해도 행동을 보면 절대 그리 안 해. 우리 유인태, 원혜영 형님도 옛날에 운동할 때나 그랬지 현실 정치를 하면서는 책임감을 가지고 행동하잖아요. 나중에 책임 못 질 일은 안 해요."

486그룹은 안 그런데요. "그 친구들도 이제 변화가 있을 거예요. 임종석(현 서울시 정무부시장)도 그렇고 몇몇 친구들이 요새 발언하는 걸 보니까 그걸 확실히 느낀 것 같아. 문제의식에는 명분과 이상이 있어야 하지만 문제를 풀 땐 실사구시로 해야죠. 내가 DJ한테 배운 게 있다면 그런 부분이에요. DJ는 그걸 서생적 문제의식과 상인적 현실 감각이라고 표현했죠."

이날 대화는 여기서 끝났다. 다음 일정이 대구라며 그는 서둘러 서울역으로 향했다. 서울과 대구를 무슨 신촌과 종로쯤으로 여기는 듯했다. 한 달에 교통비는 얼마나 들까. 물어보니 50만 원 정도란다.

2014년 12월 그를 다시 만났다. 새정치민주연합은 지지율이 연일 곤두박질했고 그는 차기 당 대표 출마 여부를 수일 내로 밝힐 예정이었다. 넉 달 만에 다시 만났지만 그는 내 이름을 정확히 기억하고 있었다. 우리는 서울시청 앞 프라자호텔 커피숍에 앉아 이야기를 나누었다. 나는 대뜸 물었다.

당 대표 선거에 나가십니까? "허허. 안 그래도 요즘 다들 그 얘기뿐인데…… 솔직히 난 그래요. 대중 정치인은 지역주민과 멀어지면 안 되니까 대구를 떠나 있을 수는 없는 입장이에요. 그게 제일 마음에 걸리죠. 지역구를 자꾸 살피고 돌아보고 그래야 하니까."

요즘 교통편이 좋아서 서울과 대구도 그렇게 안 멉니다. "난 철학자도 아니고 대학교수

도 아니에요. 대중 정치인이죠. 대중 정치인은 대중과 직접적인 관계를 맺으며 사는 겁니다. 예를 들어 볼까요? 일이 아주 늦게 끝났는데 내일 발인하는 상가가 있어요. 그러면 새벽 한 시, 두 시에도 찾아가야 한다고. 이게 별것 아닌 것 같지만 결코 작은 게 아니에요. 인간관계를 유지하기 위해서는 엄청난 노력이 필요해요. 그게 귀찮으면 정치를 관둬야죠."

그가 대중 정치인으로 첫발을 뗀 곳은 경기도 군포시였다. 1997년 한나라당 창당에 합류한 그는 2000년 16대 총선에서 경기도 군포시 선거구에서 당선되었다. 2위와는 불과 260표 차이였다. 그때 상황이다.

"투표가 끝나면 출구 조사를 발표합니다. 6시 10분인가 그랬는데 우리 군포가 나오더라고. 상대 후보가 48퍼센트 정도였어요. 그때 후보가 다섯 명이었으니까 그럼 내 몫은 없지. 아이고, 또 떨어졌구나. 낙담하고 있는데 조금 뒤에 다시 나오는 거 보니까 내가 1퍼센트 차이로 지고 있더라고. 그렇게 밤새 엎치락뒤치락했어요. 마지막 투표함을 남겨 놓고 11표 차이로 지고 있었어요. 그 투표함을 열어서 260표 차이로 이기니까 정말 만감이 교차하더라고."

국회의원이 되고 그가 처음 한 일은 세비 반납 운동이었다. 5월 30일에 임기가 시작되는데 이틀을 일하고 5월 한 달치 세비를 받는 건 부당하다며 세비 반납 운동을 벌였다. 그는 국회 정무위원회에서 활동하면서 IMF 외환 위기를 극복하는 과정에서 허투루 쓰인 공적 자금을 지적해 언론의 주목을 받았다. 그래도 그의 이름을 가장 널리 알린 사건은 역시 한나라당 탈당이다.

한나라당에 5년쯤 계시다가 2003년 7월에 탈당을 하십니다. "2002년 대선에서 이회창 후보가 지니까 한나라당이 혼비백산했어요. 그래서 나하고 원희룡, 심재철, 김영춘, 이런 소장파 의원 열 명이서 당내 개혁 그룹을 만들었어요. '우리 당을 한번 바꿔 보자. 이게 뭐냐, 맨날 대선에서 지고' 이랬던 거죠. 당 체질을 개선하겠다고 나섰는데 잘 안 되더라고. 그러다 2003년 2월에 대북 송금 사건이 터집니다. 쉽게 말하면 현대그룹을 통해 북한에 현금을 전달했다는 건데, 한나라당 보수파에서 난리가 났죠. 특검을 실시해서 전모를 파악해야 한다면서 대북 화해 정책이 사실은 돈에 의한 거래였다는 걸 밝혀야 한다고 들고 나왔어요."

벌써부터 속이 타는 듯 그는 물을 반 컵이나 마셨다.

"법안이 국회를 통과하기 전에 한나라당 의원총회가 있었어요. 그때 내가 그랬죠. '남북 관계는 특수 관계. 남북 관계가 풀려 가는 이 시점에 그걸 전부 공개하고 특검을 실시하는 건 교각살우다' 그러고 나서 대북송금특검법이 본회의장에서 투표에 부쳐졌어요. 전자 표결이라 누가 어디에 투표했는지가 다 나오는데 나 혼자 반대를 한 거야. 당내 개혁파들은 대부분 기권을 하고, 민주당은 투표도 안 하고 다 퇴장했었죠. 다음 날부터 한나라당 보수파 의원들이 '어이, 김부결 의원' 이러면서 '어제 평양에서 감사 전화 안 왔어?' 이러는 거라. 당내에서 서서히 왕따가 되어 가는 분위기였죠."

반대표 하나로 그는 당의 공적이자 역적이 되었다. 대놓고 뭐라고 하는 사람은 없었지만 뒤에서는 DJ당에 있다 온 사람이라 저런다고 수군거렸다.

"당내 개혁파들끼리 모여서 회의를 했는데 꿈쩍도 안 하는 당에 쇼크를 주려면 탈당을 해서 새로운 정당을 만들어야 한다는 결론이 나왔어요. 그래서 7월 7일에 탈당을 결행하죠. 이우재, 이부영, 김영춘, 안영근, 나, 이렇게 다섯 명이었어요. 탈당하고 나와서 국민 통합을 모토로 전국을 다니며 강연도 하고 토론회도 하고 그랬죠."

탈당하실 때 민주당 내 개혁 세력이나 청와대 쪽과는 사전 교감이 없었습니까? "그런 건 없었어요. 그때 민주당 대표를 하셨던 한화갑 선생이 '민주당 들어올래?' 이러시더라고. 그래서 '전국 정당 하겠다고 나왔는데 민주당에 들어가면 어떻게 되겠습니까. 그런 명분 없는 짓은 못 합니다' 그랬죠."

한나라당 군포시 지구당에선 난리가 났겠네요. "말도 못하죠. 당원들한테 그 얘기를 하니까 당신 누가 당선시켜 줬는데 당신 마음대로 탈당을 하냐고…… 배신자 소리도 많이 들었고…… '침을 뱉어도 좋고 돌멩이를 던지셔도 좋은데 도저히 이 당엔 못 있겠다' 그러면서 나왔어요."

당원들하고 화해는 하셨습니까? "완전한 화해는 안 됐죠. 그래도 서서히 그분들하고 감정을 녹여 나갔어요. 나를 처음으로 당선시켜 주신 분들이니까 예의는 갖추려고 노력했어요. 경조사가 있으면 뭐라고 욕을 해도 꼭 찾아가고. 그러다 보니까 인간적 신뢰는 어느 정도 회복한 것 같아요. '저놈이 출세에 환장해서 저리로 간 놈은 아니구나' 하시는 거죠. 그

뒤로도 가끔씩 전화하시고, 답답한 게 있으면 말씀하시고, 격려도 해 주시고 그래요."

한나라당을 탈당한 다섯 명의 국회의원을 언론에서는 '독수리 5형제'라고 불렀다. 지구를 지키겠다는 명분은 좋지만 그만큼 무모한 짓이었다. 당시 한나라당 최병렬 대표는 "야, 이런 일이 있으면 나한테 미리 얘기를 하지. 낭떠러지에서 떨어질 각오를 한 모양인데 나가서 잘해라" 하면서 격려 아닌 격려를 보냈다. 그때만 해도 신당이 성사될지 어떨지는 아무도 장담할 수 없었다. '독수리 5형제'란 별칭은 이내 '낙동강 오리알'로 바뀌었다.

역시 정치는 생물이었다. 정치 지형이 급속히 재편되면서 2003년 11월 11일 한나라당 탈당파 5인과 민주당 탈당파 40인, 개혁당 2인이 모여 열린우리당을 창당한다. 2004년 총선에선 탄핵 후폭풍으로 152석의 거대 여당이 된다. 그러나 아마추어적인 국정 운영과 개혁 법안의 실패로 노무현 대통령과 열린우리당의 인기는 땅에 떨어진다. 2007년 대선이 다가오면서 연쇄 탈당이 일어나고 열린우리당은 4년 만에 해산된다.

열린우리당은 전국 정당을 지향했는데 성공했다고 보십니까? "탄핵 와중에도 영남권은 조경태 의원 하나 빼고 거의 안 됐어요. 헌정사의 격동이 일어난 뒤에 치러진 선거인데도 그랬으니 동서 구도가 완전히 굳어 버린 거죠. 그러다 보니까 의원들 사이에서도 지역 대결 의식이 확산된 것 같고……."

열린우리당에서도 한나라당 출신이라 고생 좀 하셨죠? "탄핵 이후에 운동권 출신들이 대거 당선됐는데 아무래도 그 친구들은 내 절절한 역사를 모르죠. DJ가 민주당을 깼을 때 안 따라가고 민주당에 남은 그런 아픔을 모르고, 통추를 모르니까…… 그 친구들이 나를 계속 씹는 거죠. 저 형님은 한나라당 출신이라 그렇다는 둥. 그게 나한테는 정치적 화인火印으로 남아 있어요. 특히 당내 선거에 출마하기만 하면 항상 그걸로 공격을 받았죠."

여야 의원 모두에게 신망이 두터우신데 당내 선거에선 유독 성적이 좋지 않았습니다. "안 좋았죠. 원내대표 선거에 두 번 나가서 두 번 다 떨어졌고, 2006년 당 의장 선거도 떨어졌고. 역시 앞서 말한 그런 이유가 오래가더라고……."

어째서일까요? "당내 선거는 당원들을 상대로 하니까 자기들의 컬러를 강하게 드러내는 후보를 선택하게 되죠. 상대 후보들도 평상시엔 안 그러는데 선거 때만 되면 꼭 그걸 가지고 나를 공격했고. 선거가 끝나면 일상으로 돌아가니까 그런 얘기는 피차 안 하지만 그래도 내 내면에는 일종의 트라우마 같은 게 가라앉아 있겠죠."

속이라도 시원하게 되는대로 쏘아붙이지 그러셨어요. "제 성격상 겉으로 드러내진 않지만 너무 심할 땐 속으로 욕이 튀어나오죠. '야, 이 새끼야. 내 사정 뻔히 다 알면서 왜 그러냐. 왜 자꾸 그걸 물고 늘어지냐' 이러고도 싶었지만 그래도 내가 감당해야 할 문제라고 봤어요. 피할 수는 없으니까. 아파도 참는 거죠. 그런데 누가 나한테 그러더라고. 내가 출마할 때마다 당명이 달랐다고. 그건 야권 자체가 당명을 계속 바꾼 건데 나한테 책임을 물으면 안 되죠. 내 발로 탈당한 건 한나라당이 유일하거든."

그의 말이 다시 빨라졌다.

"한국 정치가 얼마나 비극인 줄 알아요? DJ 정권 때 청와대에 입성한 야권 인사들이 민주당 경력 증명서를 떼려면 한나라당에 가야 했어요. 왜냐하면 법적으로 민주당의 뿌리를 흡수한 당은 한나라당이니까. 민주당에서 일한 경력은 거기서밖에 못 떼요. 이게 우리 정치의 현실인데 젊은 친구들이 그런 것도 모르고 나를 계속 공격해 대니까…… 어차피 내가 감당할 몫이라곤 해도…… 계속 욕을 하니까 하도 답답해서 2012년에 전당대회 출마하면서 책을 하나 냈어요. 책 제목을 아예 《나는 민주당이다》라고 붙였어요. 대한민국 정치의 비주류, 소외 세력의 친구, 민주주의의 가치를 지키기 위해 끝까지 싸웠던 상징적인 이름이 민주당이거든."

덜 아문 상처를 헤집고 싶지 않았지만 어쨌거나 나는 내 일을 해야 했다.

2010년에도 한나라당 출신이라 당직에서 배제되셨지요. "전당대회에서 손학규 씨가 당 대표에 선출되니까 김부겸이 사무총장을 하지 않겠냐는 하마평이 있었어요. 전당대회 때 내가 손 대표를 돕기도 했고. 언론에는 다 났는데 이 양반이 한 일주일을 조몰락조몰락하다가 임명을 못 하더라고."

손학규가 민주당 당 대표에 오르자 김부겸은 사무총장감 1순위로 꼽혔다. 언론의 하마평도 무성했다. 그런데 임명되기 며칠 전 한나라당 출신 당 대표에 한나라당 출신 지명직 최고위원에 한나라당 출신 사무총장까지 생기면 당 정체성이 흔들린다는 말이 돌았다. 그 자리는 결국 호남 출신 이낙연(현 전남지사)에게 돌아갔다.

그때 김영춘 의원이 지명직 최고위원에 임명되면서 그 영향을 받으셨죠? "그거하고 이거하고 직접적인 영향이 뭐 있노? 하면 하는 거지. 아까 말한 대로 손 대표가 한나라당 출신이란 것에 대한 부담은 있었겠지. 그렇다고 사무총장을 임명 못할 정도로…… 지도자로서 그건 아니라는 생각을 했어요. 내가 자리 때문에 격렬하게 저항한 건 아마 처음이었을 거예요. 나머지는 내가 선택해서 나가고 떨어지고 이랬으니까 별것도 아니지만 그건 정말 달랐어요. 나한테는 사무총장이란 자리가 중요한 게 아니라 나도 당의 객이 아니라는 상징적 의미가 컸거든. 나도 당의 주인이라는 당당함을 갖고 싶었던 말이죠. 사무총장이 되면 당 구석구석의 여러 적폐들도 정리하고 당직자들에게 희망도 심어 주고, 당을 한번 개혁해 보고 싶은 꿈이 있었는데 결국 안 됐지. 그래서 좋다 이거야, 내가 사무총장 못해도 상관없지만 이래서는 앞으로 정치를 못하겠더라고. 이건 뭐 결정적일 때마다 뒤통수를 때리니까. 그래서 편지를 썼어요."

누구한테요? "민주당 의원 전원한테 편지를 돌렸어요. 내가 정치적 행동을 하려고만 하면 항상 한나라당 출신이라는 멍에를 씌워서 정치할 공간이 점점 줄어들잖아. 나는 이제 숙명적으로 이 당을 할 수밖에 없는데 이런 식으로 계속 왕따를 시키면…… 정치인이 자기 공간 없이 무슨 내용을 담아요? 그래서 절박한 심정으로 호소했어요. 그간의 과정을 쭉 설명했죠. '내가 과거에 이런 생각으로 세상을 살았고 제도 정치권에 이런 생각으로 들어왔는데, 결국은 DJP 연대와 야권 분열이라는 아픔 때문에 굴곡이 있었다. 그런데 이런 걸 이해 안 해 주고 너희들 나한테 돌팔매만 던지느냐' 이렇게 항변했죠. 허허."

2010년 10월 14일 그는 친필 서한을 써서 민주당 의원 86명에게 보냈다. 며칠 뒤 공개적으로 화답하는 의원들이 나왔다. 장세환, 김성곤, 신기남 등은 그에게 지운 멍에를 이제 그만 벗겨 주자고 했다.

편지 이후로 당내 분위기가 좀 바뀌었나요? "그것 때문에 바뀌었다기보다는 내가 대구로 가는 걸 보고 다들 '저 친구가 나름 진정성이 있구나' 그렇게 생각한 것 같아요. 국회의원이 자기 선거구, 그것도 꽤 좋은 선거구를 던진다는 게 쉬운 일은 아니거든. 나중에 어느 인터뷰에서 보니까 그 사람들이 예전 얘기를 꺼내면서 '그때 우리가 잘못한 것 같다' 이런 얘기를 하더라고."

복잡한 정당사를 누가 다 알까요. 일반 대중은 아직 의원님을 한나라당에서 민주당으로

건너간 철새 정치인으로 보기도 합니다. "그건 어쩔 수 없죠. 그 사람들 일일이 쫓아다니면서 설명할 순 없잖아. 지금 여기서 인터뷰를 하는 것도 그런 작업의 일환이죠. 언론에서도 한두 줄씩 써 주고. 그래서 '아, 이 친구가 한나라당에 있다가 출세에 환장해서 노무현이한테 간 건 아니구나' 정도는 이제 어느 정도 알려진 것 같아요. 그리고 대구에서 두 번 도전하고 나니까 전처럼 심한 반응들은 없던데…… 어쨌거나 뭐 그런 거죠. 하루아침에 그걸 어떡하겠어."

마지막으로 물었다.

TK 출신으로 민주당에서 정치하려니 많이 힘드시죠? "경상도 사람이 야권에서 정치를 한다는 건 가혹한 거예요. 내가 명확하게 어느 한편을 드는 정치 노선을 택했다면 이런 오해는 안 받았겠죠. 그런데 책임을 져야 하는 국회의원이 되고 보니까 선명함에 문제의 해답이 있는 게 아니더라고. 진영 논리에 충실하고 상대편에게 고함을 치는 게 다가 아니더라고. 내가 처음 정치를 할 때 생각했던, 가난하고 억눌리고 힘든 사람들의 삶을 단 한 보라도 전진시킬 수 있는 성과물을 내려면 여야가 공존하는 수밖에 없어요. 이러다 보니까 당에선 온건파로 불리면서 욕을 먹기도 하지만 제정구가 던진 상생이란 화두는 결코 포기하지 않겠다는 고집을 가지고 지금까지 온 거죠."

그는 못 다한 말이 많아 보였다.

"나는 지역주의라는 괴물에 맞서 싸워서 우리 당을 국민적 신뢰를 받는 당으로 만들겠다는 꿈이 있어요. 내 개인적인 상처는 다 감수하고 넘어갈 수 있는데, 내가 어느 정도 멍에를 벗고 나니까 이젠 우리 당이 상처를 받고 추락하고 있으니 그게 정말 안타까워요……."

나는 새누리당 지지자다. 그러나 이때만큼은 진심으로 새정치민주연합의 선전을 빌었다. 원고를 마감하던 중에 그는 전당대회 불출마를 선언했다. 이유는 간단했다. 총선 준비에 전력하면서 대구에 뿌리를 내리겠다는 것이었다. 불출마의 변에는 이런 말도 있었다.

"저에겐 아직 당을 이끌만한 지혜와 내공이 준비되어 있지 않음을 고백합니다. 대구에서 두 번의 도전으로 조금 얻은 이름이 있다 하여 그걸 앞세워 더 큰 것을 도모하는 것은 차마 과분한 것이기에 전당대회 출마라는 용기를 낼 수 없었습니다."

그다운 결정이었다. **b**

PARTNER

남편은 큰일을 한다고 가계는 뒷전이었다. 아내는 억척같이 일했다.
이제 먹고 살만 하니까 다 버리고 대구로 가잔다. 편히 살 팔자는 아니었다.

정치인의 아내는 고달프다. 무릎이 시려도 동네 뒷산을 올라야 하고 손목이 아려도 배추
수백 포기를 김장해야 한다. 어딜 가든 굽실거리고 싫어도 웃어야 한다. 유권자의 대소사
를 내 일처럼 챙기고 내 일은 남의 일 보듯 해야 한다. 잘하면 본전이고 못하면 욕을 먹는
다. 정치인의 아내는 기한의 정함이 없는 감정 노동자다.

김부겸 전 의원의 아내 이유미(57) 씨는 일상이 선거 운동이다. 아침 6시면 집 앞 공원을
산책한다. 그곳에서 매일 아침 300여 명의 주민들을 만난다. 공원을 몇 바퀴 돌면서 주민
들과 인사를 나누고 들어와 아침상을 차린다. 남편을 내보내고 설거지를 하고 밀린 집안일
을 하다 보면 어느새 점심시간. 대구에서 새로 사귄 이웃들과 함께 식사를 하고는 문화 센
터로 향한다. 대낮에 수백 명의 주민들을 만나기엔 그만한 장소가 없다. 집 근처 헬스클럽
도 즐겨 찾는다. 러닝머신 위에서 땀을 흘리고 사우나 온탕에 들어가 또 주민들을 만난다.
현대판 사랑방인 셈이다.

그는 사람을 좁고 깊게 사귀는 성격이라 초면에 말을 붙이는 것이 처음엔 영 어색했다. 남
편을 지지하는 사람과 만날 땐 그나마 다행이지만 반대 경우에는 무슨 말을 해야 할지 몰
랐다. 어색하게 웃는 수밖에 없었다. 그는 대구에 내려온 뒤로 생각을 바꾸었다. 어차피 남
편이 정치를 그만두기 전까지는 정치인 아내를 해야 하니까 피할 수 없다면 즐기기로 했
다. 생각이 바뀌자 생활이 달라졌다. 요즘은 아침에 눈을 뜨면 오늘은 또 어떤 사람을 만나
게 될까 하고 기대마저 든단다. 정치인의 아내로 산 지 20년 만에 찾아온 변화였다. 빠른

편은 아니었다.

지난해 8월 대구시 수성구 만촌1동에 있는 김부겸, 이유미 내외의 자택을 방문했다. 30평 대 아파트였지만 살림이 적어 평수보다 대여섯 평은 커 보였다. 가구와 집기는 화려하지 않아도 질박한 아름다움이 있었다. 말주변이 없어서 걱정이라던 그의 말처럼 정갈한 풍경 이었다. 베란다 창가로 멀리 팔공산이 보였다.

결혼 18년 만에 처음 받은 월급봉투

사모님께서 고생이 많으셨다고 운동권에선 소문이 자자하던데요. "고생은요. 민주화 운 동을 하던 집안은 다 그랬어요. 대학에 다닐 때부터 남편은 어떻게 하면 더 좋은 사회를 만 들까 하는 고민을 늘 하는 사람이었어요. 그걸 자기 사명으로 받아들였으니 제대로 된 직 장을 구하지 않고 큰일 한다면서 집에 맨날 늦게 들어오고 그랬죠. 그러다 보니 제가 생계 를 꾸리게 되었어요."

지금부터 그의 고군분투기가 이어진다.

"결혼하기 전에 한국은행 대구지점에 다녔는데 그때만 해도 결혼하면 퇴직을 해야 했어요. 1982년에 결혼하고 시댁에 1년쯤 있다가 시아버님께서 도와주셔서 대구에 작은 독서실 을 열었어요. 그러다 대구 미 문화원 폭파 사건이 일어나면서 아무 관계도 없는 남편이 자 꾸 연행되었지요. 대구에 있는 학생 운동 출신 중에 그 사람이 거물급이라서 뭔가 연관이 있을 거라 단정한 거였어요."

그래서 서울로 올라오신 거군요? "네. 너무 못살게 구니까 이대론 안 되겠다 싶어서 도망 치듯 서울로 왔어요. 종로구 세검정 신영아파트 뒤에 남편 친구의 부모님 댁이 있었어요. 2층짜리 주택인데 1층에 방 한 칸이 비어 있어서 거기 세 들어 살았죠. 1년인가 살았을 거 예요."

이사를 많이 다니셨나요? "그런 편이에요. 세검정에서 봉천동으로 갔다가 둘째 가지고 건 국대 뒤쪽으로 이사했어요. 봉천동으로 다시 왔다가 노량진, 대방동, 상도동, 과천, 군포. 군포 내에서도 두 번 집을 옮겼고, 그러다 이번에 대구로 온 거예요."

왜 그렇게 많이 다니셨어요? "반은 생업 때문에, 반은 남편 지역구 때문에 여기저기 다녔어요. 애들 키우면서 일하려니까 일터와 가까운 데로 이사를 가야 했거든요."

이사하신 횟수를 보니까 일터도 자주 바뀐 모양이네요. "대구에서 독서실을 하다가 상경해서 남편이 작은 전자 회사를 맡아서 하게 됐어요. 우리나라에 처음으로 세콤 같은 경보기를 들여온 건데, 판매망 구축이 안 되어 있으니까 판매가 쉽지 않았죠. 그 일을 1년 반 정도 했을 거예요."

그때가 80년대 초반이니까 빨라도 너무 빨랐네요. "그렇죠. 그걸 처음 들여온 분은 미국에서 경보기가 잘 팔린다고 해서 가지고 왔는데 국내엔 경보기 개념도 없을 때였어요. 어마어마한 부자들 외에는 수요가 없었죠. 고급 주택이나 자동차에만 쓰일 때였으니까요. 그땐 자동차도 얼마 없었어요."

그런데 학생 운동 출신이 거기서 무슨 일을 하죠? "경보기 팔고 다녔죠."

어디로요? "영업 부장 격으로 여기저기 돌아다니긴 했는데 그게 잘 안 되니까 나중엔 부잣집 문 두드리고 돌아다녔다고 하더라고요. 문은 열어 주지도 않는데. 호호."

서점도 운영하셨죠? "그 전자 회사를 그만두고 강금실 전 장관 남편하고 같이 신촌에 '오늘의 책'이란 서점을 냈어요. 그걸 1년 하다가 '이론과 실천'이라는 출판사를 또 냈죠. 그러다 남편이 복학하고 신림동에 '백두서점'을 차렸어요."

장사는 잘 됐습니까? "잘 안 됐어요. 후배들이 와서 외상으로 책을 집어 가면 남편은 말리지도 않았어요. 외상값은 영영 못 받는 거죠. 다들 어려울 때였으니까. 서점을 접은 건 다른 이유 때문이었어요. '백두서점'을 2년쯤 운영했는데 이념 서적들을 팔다 보니까 관악경찰서에 제가 두 번이나 연행됐어요. 관악경찰서 정보과장이 남편한테 다음번엔 자네 집사람 구속되니까 서점을 정리하라고 해서 정리했죠."

80년대 중반 신림동에는 오늘날 이름을 대면 알 만한 거물급 정치인들이 사회과학 전문 서점을 운영하고 있었다. 신림사거리 쪽엔 김부겸의 '백두서점', 봉천사거리 쪽엔 김문수 전 경기도지사의 '대학서점', 서울대 바로 앞에는 이해찬 전 총리의 '광장서적'이 있었다. 세 서점은 관악경찰서의 주요 시찰 대상이었다. 그의 직업 역정은 계속된다.

"서점을 그만두고 이번엔 식당을 차렸어요. 서점 운영할 때 바로 밑에 층에 레스토랑이 있었는데, 거기 사장님이 대학가에서 음식점을 하면 경찰서에 잡혀갈 일은 없어 편하다고 해서 경양식집을 열었어요. 사실 처음에 저는 엄청 반대했어요. 해 본 적도 없는 일을 어떻게 하냐 이거죠. 그런데 남편이 자꾸 고집을 피우면서 자기 후배를 지배인으로 두겠다고 해서 차린 거예요. 서점 넘기고 은행에 집 담보로 3천만 원을 대출받아서 경양식집을 냈어요. 그때 전 둘째를 출산할 때였는데 남편은 문익환 목사님 비서 노릇을 하고 다닌다고 가게를 돌보지 않더라고요. 당장 내일이 개업인데 주방에 그릇 씻을 사람이 없었어요. 그래서 애기 낳고 한 달도 안 돼서 제가 나갔죠."

그래도 서점보단 벌이가 좀 나았겠죠? "지하철 2호선이 개통한 지 얼마 안 됐을 때여서 처음 1년은 엄청 잘 됐어요. 지금이야 거기가 카페 거리지만 그땐 저희가 세 번째로 개업한 가게였어요. 가게에 아이 보는 할머니 한 분 모셔 놓고, 제가 출납도 하고 시장도 보러 다니면서 운영했죠. 그런데 1년쯤 지나니까 우리 같은 가게가 우후죽순 생겼어요. 학생들은 새로 생긴 가게로 몰려갔죠. 그래서 또 팔고 다른 일을 하게 됐어요."

그는 부끄러운 듯 말을 이었다.

"1994년에 셋째를 낳을 때까지 신길동에서 독서실을 했어요. 애들 키우면서도 할 수 있는 일이니까 총무 한 사람 앉혀 두고 독서실을 했죠."

그러다 지금 하고 계신 컴퓨터 업계로 들어오신 거군요. "1996년에 남편이 국회의원 선거에 나갔을 때 독서실 판 돈을 선거 자금으로 다 썼어요. 선거에 떨어지고 나니까 전세금만 덜렁 남았죠. 그때 둘째 오빠가 컴퓨터 사업을 크게 하고 있었어요. 오빠한테 '먹고살게 자리 하나 내놔라' 그랬죠. 호호. 회사에 취직시켜 달라는 얘기였는데 맡아서 해 보라고 작은 회사를 하나 차려 줬어요."

컴퓨터는 원래 잘 하셨습니까? "아뇨. 그땐 워드 겨우 치는 정도였어요. 그 방면에 문외한이라 자신이 없어서 못하겠다고 했는데, 남편하고 오빠가 얼마든지 할 수 있다면서 많이 도와줘서 시작하게 됐어요."

아직까지 하시는 걸 보면 그 사업은 잘 되신 모양입니다. "컴퓨터를 납품하고 유지, 보수를 하는 일이었는데 그 일을 시작하고 1년 만에 IMF가 터졌어요. 매출이 3분의 1로 곤두박질쳤죠. 그때부터 개인 판매는 안 하고 학교와 관공서로 영업을 다녔어요. 지금까지 그때 거래처를 그대로 유지하고 있어요."

의원님이 당선되고 나서부턴 영업이 수월하지 않던가요? "전혀요. 괜한 오해를 살까 봐 지역구 쪽엔 아예 영업을 다니지도 않았어요. 서울로만 다녔죠."

그가 남편에게 처음으로 월급봉투를 받은 것은 결혼한 지 18년 만인 2000년 6월이었다. 국회의원에 당선되고 받은 첫 번째 월급은 남편이 세비 반납 운동을 한다고 구경도 못 했고 두 번째 달부터 받았다.

큰일 한다고는 했지만 그래도 생계를 외면한 남편에게 서운한 감정은 없으셨어요? "그 사람은 결혼하기 전부터 자기랑 결혼하면 편하게 살지는 못할 거라고 입버릇처럼 말했어요. 저도 그 정도는 각오하고 있었고요."

흰 고무신에 허름한 잠바를 입은 청년

1979년 10월 9일 이유미 씨는 김부겸을 처음으로 만났다. 서울에 있던 셋째 오빠가 대구에 왔다며 그를 동대구역으로 불러냈다. 그는 반가운 마음에 한달음에 달려갔다. 동대구역에 오빠 친구들 몇 명이 나와 있었다. 다들 어떻게 사는 건지. 그렇게 초라할 수가 없었다.

의원님 첫인상은 어땠나요? "오빠도 그렇고 그 사람도 그렇고 전부 다 민주화 운동 하다가 수감되고 나와서 고생하던 때였어요. 하나같이 학교에서 잘리고 자취하면서 함께 모여 공부도 하고 생활비도 벌고 한다고. 그래서 놀랄 정도로 행색이 남루했어요. 특히 남편은 양말도 안 신고 하얀 고무신에 허름한 잠바 차림이었어요. 많이 놀랐죠."

79년인데 그때도 고무신을 신었습니까? "젊은 사람들은 거의 안 신었죠. 그런데 그 사람만 희한하게 양말도 안 신고 누렇게 색이 바랜 흰 고무신을 신고 있었어요."

그런데 왜 만나신 겁니까? "차림차림은 허름했지만 풍기는 인상이 범상치 않았어요. 그날 저녁에 오빠가 다시 서울로 올라가게 되어서 역까지 배웅했는데 남편이 저를 집에 바래다줬어요. 그러면서 사흘 뒤에 정식으로 다시 만나자고 해서 나가 봤더니 이번엔 넥타이에 양복에, 아주 멀끔하게 차려입고 나왔더라고요. 그렇게 인연이 시작되었어요."

연애는 어떻게 하셨어요? "당시 제 직장(한국은행 대구지점)이 동성로에 있었어요. 경북대 의대 건물이 건너편에 있는 아주 고풍스러운 거리였죠. 주로 그 길을 걸으면서 차도 마시고 식사도 하고 그랬어요. 그 기간이 길진 않았어요. 우리가 처음 만난 날이 10월 9일이었는데 곧 10·26이 났거든요. 남편은 복학이 되어서 2월에 서울로 올라갔어요."

장거리 연애가 시작된 거군요. "그렇죠. 편지를 주고받으며 지냈어요."

그때 편지 아직 갖고 계세요? "아뇨. 그거 다 압수됐어요. 남편이 복학하고 나서 전두환 정권이 들어서면서 광주 민주화 운동이 일어났어요. 그 와중에 남편이 전국 지명 수배가 됐죠. 대공분실 수사관 둘이 제 직장까지 찾아와서 김부겸이 어디 있냐면서 사흘을 끌고 다녔어요. 저희 집을 압수 수색하면서 편지랑 일기장을 다 가져갔어요. 그러곤 다시 안 돌려줬어요."

대공분실에서 심문받을 때 그쪽에서 뭐라던가요? "남편은 내란 음모 사건과 직접적 연관이 없었어요. 서울 가기 전까지 대구에 있었는데 2월에 올라가서 그 짧은 기간에 내란 음모 사건을 배후 조종할 순 없으니까요. 그런데도 자꾸 몰아치면서 남편 사상이 빨갱이라서 잡히면 사형감이라고 그랬어요."

그때 의원님의 행방을 정말 모르셨어요? "저는 정말 몰랐어요. 시국이 너무 급박해서 당분간 연락 못한다고 한 뒤로 연락이 끊겼어요. 만약에 무슨 큰일이 생기면 저희 큰오빠 집으로 연락하겠다고 했었죠. 그래서 제가 큰오빠 집으로 끌려갔어요. 그 사람을 부르라고 아무리 닦달해도 제가 아는 게 없으니까 수사관들이 저를 승합차에 태워서 그리로 간 거예요. 큰오빠 집 옆에 여관을 얻어서 전화 도청도 하고. 거기서 사흘이나 있었는데도 못 잡으니까 철수했어요."

결혼하실 때 집에서 반대는 없었나요? 학생 운동 전력 때문에 걱정이 많으셨을 텐데요. "오빠들도 다 학생 운동 하다가 제적당하고 그래서 그런 걸 이해 못하는 분위기는 아니었어요. 다만 어머니는 걱정을 좀 하셨죠. 그런데 아버지는 남편을 보고 신뢰감이 간다고 좋아하셨어요."

그의 큰오빠 이영훈(서울대 경제학과 교수)은 민주화 운동 1세대다. 교련 반대 시위로 제적당하고 공장에 위장 취업을 한 적도 있다. 셋째 오빠 이영재는 한신대 총학생회장 출신으로 김부겸과는 민주화 운동의 동지였다. 남동생 이영우 역시 경북대 재학 시절 시위로 구속된 적이 있다. 학생 운동 전력으로 결혼 반대는 없었냐는 질문은 그야말로 우문이었다. 둘은 1982년 대구 가톨릭 문화회관에서 결혼했다.

떨어질 각오하고 다시 대구로

대구로 내려가고 싶다던 남편의 말은 상의가 아니라 통보에 가까웠다. 당신이 반대하지만 않으면 20대 때부터 소망했던 지역 통합의 꿈을 이루고 싶다고 남편은 말했다. 아내는 그렇게 말하는 남편을 실망시키고 싶지 않았다. 아내는 조용히 짐을 꾸리기 시작했다.

의원님이 대구에 출마하겠다고 하셨을 때 심정이 어떠셨습니까? "군포에 있을 때부터 대구에 행사 있으면 KTX 타고 내려가서 자정이 지나야 들어오더라고요. 지역구 행사는 저한테 맡겨 놓고요. 한번은 당신 지역구가 대구냐고 따진 적도 있었어요. 고향에 대한 애정이 남다르니까 남편이 언젠가는 대구로 가지 않겠나 하는 짐작은 하고 있었어요. 그래도 군포에서 4선은 하고 내려갈 줄 알았어요. 갑자기 말을 꺼내니까 많이 놀랐죠. 처음엔 저도 반대를 했어요. 낙선할 게 빤한데 그 고생을 왜 하냐고. 그런데 저만 반대 안 하면 가고 싶다고 간절하게 말하는데 제가 어쩌겠어요. '그래, 떨어질 각오하고 가자' 그랬죠."

그때 막내가 고3이었죠? "네. 고3 때 내려오니까 딸들도 되게 싫어했어요. 고3 때 수도권에서 지방으로 이사 가는 집은 대한민국에 우리밖에 없다고."

의원님이 정치적인 문제를 사모님과 상의하시나요? "그럼요. 상의하죠. 남편은 고민이 있으면 늘 얘기해요. 가까운 선후배, 부모님, 그리고 저. 다 상의하고 결정하죠."

이번에 대구 출마하는 건 상의를 안 하셨는데……. "이번엔 남편이 혼자 고민해서 결론 다 내놓고 말했죠. 워낙 가고 싶어서 그랬나 봐요."

그런데 대구에 계시면 사업체는 어떻게 관리하세요? "18년간 운영했는데 초기엔 정말 열심히 했어요. 그땐 남편이 당선되기 전이라서 먹고살아야 했으니까요. 애들 놀이방에 맡겨 가면서 죽기 살기로 일했죠. 차차 안정이 되면서 직원들한테 많이 맡겼어요. 컴퓨터 유지 보수 업무니까 관공서에서 전화가 오면 직원들이 나가서 수리를 해요. 제가 반드시 있어야 하는 건 아니라 이따금씩만 올라가요. 믿고 맡기는 거죠."

지난번 선거 영상을 보니까 마지막 유세에서 의원님이 사모님께 고마움을 전하면서 말을 잇지 못하더군요. 모니터로 봐도 꽤 감동적이었는데 사모님 표정은 뭐랄까요, 이 양반이 왜 이러지 하는 표정이던데요. "아니, 뭐…… 좀 흥분을 하셨나 했죠. 지나온 세월이 순탄하진 않았지만 그렇다고 제가 그렇게 고생스럽게 산 건 아니거든요. 안기부 잡혀가서 고생한 일들도 다 잊었고…… 그래도 고맙다고 하니까 저도 기분은 좋았어요. 그렇게 고맙게 생각하고 있는 줄 몰랐거든요. 호호."

의원님이 애정 표현이 없는 편인가 봐요? "그렇지 않아요. 자상해요. 작은 일에도 '마, 최고다', '덕분에 산다' 이런 말을 자주 해요. 보기와는 다르게 아부를 잘 떱니다. 호호."

경상도 남자답진 않네요. "다정다감하고 여려요. 같이 영화 보러 가면 잘 울고. 이번에도 '명량' 보러 갔는데 옆에서 자꾸 눈물을 닦더라고요. 난 눈물 별로 안 나던데."

어떤 장면에서요? "이순신 장군이 나라를 걱정하면서 고뇌하는 장면에서 특히 많이 울었어요. 그 고뇌와 고통을 자기 것으로 여기는 것 같아서 이해가 되면서도 조금 우습기도 했어요. 하여튼 여려요, 여려. 호호."

그렇게 여리고 자상하면 싸울 일도 없으시겠어요. "결혼 초기에는 엄청 싸웠어요. 남편은 학생 운동을 하면서 힘든 시기를 많이 겪어서 그런지 늘 나라와 공동체를 먼저 생각했어요. 어떻게 하면 자기 한 사람이 헌신해서 보다 좋은 사회를 만들까. 그게 남편의 꿈이자 사명이었어요. 그러다 보니 아무래도 가정에는 소홀할 수밖에요. 큰일 한다고 집에 맨날 늦게 들어와서 싸우고 그랬는데, 제가 일을 하면서부터는 저도 바쁘니까 싸울 일이 줄었죠. 서로 정신적인 독립을 했다고나 할까요."

의원님 단점은 뭡니까? "제 남편은 다정하고 유머러스해서 같이 있으면 재미있어요. 대신 남을 배려하는 마음이 지나쳐서 가족들이 속상할 때도 있어요. 음식점에 가서는 음식 남기면 안 된다면서 제가 남기는 걸 다 먹어요. 신혼 때 백화점에 옷 사러 갔다가 싸우고 돌아와서는 같이 쇼핑한 기억이 없어요. 이것저것 입어 보고 마음에 드는 옷을 사야 하는데, 입어 봤으면 웬만하면 사야 한다고 하니까 다투게 되죠."

두 분이서 함께 보내는 시간이 많진 않죠? "아무래도 남편은 여기저기 많이 다니니까요. 같이 있을 때도 계속 휴대폰이 울리고."

하루에 전화가 몇 통이나 오는 것 같습니까? "백 통은 넘을 거예요. 의정보고서나 선거구민에게 보낸 편지에 휴대폰 번호를 공개했거든요. 그러니 전화가 많이 오죠."

주로 어떤 전화죠? "다양해요. 지금은 좀 덜하지만 전화번호를 공개한 초기엔 새벽에 전화해서 음주 단속에 걸렸다고 빼 달라는 사람도 있었고, 술 먹다가 내기해서 김부겸이 전화를 받나 안 받나 확인하려는 사람도 있었고, 술값 대신 내 달라는 사람도 있었고…… 이런 분들이 많았는데 그래도 요샌 좀 줄었어요."

두 분이 여행을 가셔도 휴대폰 때문에 오붓하게 쉬실 틈이 없겠군요. "그렇죠. 같이 여행한다는 것에 의의를 두고, 제가 운전하고 그 사람은 옆에서 전화받고 그래요."

아버지가 너무 바빠서 자녀들이 서운해 하진 않았나요? "큰애가 특히 그랬어요. 아빠가 너무 바빠서 자주 못 보니까 아빠랑 같이 밥 먹으면 어색하다고 한 적이 있었어요. 어쩌다 아빠랑 같이 식사하면 '젓가락질 똑바로 해라' 이런 잔소리를 하니까 아빠하고 안 좋던 시기도 있었죠. 그래도 성인이 되고 나선 이해해 주고 또 존경해 줍니다."

정치인 남편에 연예인 따님까지 두셨습니다. 챙길 게 많으시죠? "딸은 알아서 잘 하니까 신경을 많이 안 쓰고 있어요. 남편은 2년 뒤에 또 총선에 나가야 하니까 우선은 거기에 집중하고 있죠. 딸에게는 공인으로서 적절히 처신하라는 정도만 얘기해요. 제가 걔 뒷바라지를 하고 싶어 해도 오히려 걔가 거부하죠. 아빠한테 신경 쓰라고."

만약에 의원님이 더 큰 자리에 오른다면 퍼스트레이디 역할을 훌륭히 수행하실 수 있을까요? "호호. 글쎄요. 솔직히 생각해 본 적이 없어요. 그건 하늘이 내리는 거니까. 그저 겸손하게……."

인터뷰를 마치고 그는 이메일을 보내 왔다. 미진한 답변에 대한 보충 설명이 있었다. 주로 남편의 단점에 대한 이야기였다. 단점이면서 동시에 장점으로도 읽히는 이야기였다.

요즘 이유미 씨는 페이스북 계정에 소소한 일상을 올리고 있다. 10년째 기르고 있는 강아지에 얽힌 사연도 있고, 대구 경제의 장기 침체를 걱정하는 글도 있다. 참석한 동네 모임과 이웃들 사진도 간간이 올린다. 나 같은 사람은 그런 글을 보고 그가 아니라 그의 남편을 판단한다. 정치인의 아내로 사는 건 역시 고달픈 일이다. 2014년 12월 27일 오후 10시엔 이런 글이 올라왔다. 남편이 당 대표 경선 불출마를 선언하기 하루 전이었다.

"어떻게 매년 그렇게 큰 선거에 나가라고 사람을 몰아붙일 수 있나. 그나마 남아 있는 진을 다 뺄 것이고 상처뿐인 영광(?)은 더 이상 견디기 힘든 상황이다. 지성이면 감천이요, 고진감래라. 이런 심정으로 남아 있는 진을 1년 뒤 총선에 다 쏟아부어야 하는데… 본인의 선택을 존중해 주길 바라면서… 2014년은 우리에게 너무나 잔인한 한 해다!" **b**

LIBRARY

그에게 책은 밥이었다. 수사학적 표현이 아니라 사실적 진술이다.
그에게 책은 지적 기갈은 물론 세 식구의 육적 기갈을 채우는 수단이었다.

명사의 독서법은 대개 비슷하다. 책을 읽고 흔적을 남긴다. 좋은 문장에 밑줄을 긋거나 여백에 단상을 적는다. 그렇게 읽고 쓰면서 저자의 통찰은 내 것이 된다. 김부겸의 독서법은 이런 전형을 따르지 않는다. 그가 읽은 책은 깨끗하다. 필기구 반입이 금지된 감방에서 독서하던 습관이 남아 옮겨 적고 싶은 대목을 발견하면 차라리 몇 번이고 되뇐다. 한 권의 책을 읽는 데 오랜 시간이 걸리지만 그만큼 충실히 소화할 수 있다.

젊은 시절 그는 다니던 대학 앞에서 서점을 운영했다. 서점은 벌이가 신통치 않았다. 학교 후배들은 외상으로 책을 집어갔다. 외상 장부가 너덜해지는 만큼 수입도 줄었다. 다들 어려웠던 시기라 외상값을 독촉할 수도 없었다. 이념 서적을 취급해 명의상 사장이던 아내가 경찰서에 자꾸 끌려가면서 서점을 접었다.

대구시 수성구 그의 자택 서재는 사회과학 서적으로 가득했다. 국가 경영과 세계 정치, 중국 고전에 관한 책이 많았다. 중국 역사에 관심이 많은 그는 춘추전국시대의 고대사를 통해 현실 인식을 높였다. 서가 한편에 최인호의 수필집과 조정래의 《태백산맥》이 보였다.

최근 그는 한국 사회를 구조적으로 이해할 수 있는 책을 집중적으로 읽고 있다. 문명 비평서나 경제학 서적이 주를 이룬다. 도서 추천을 부탁했다. 그는 망설임 없이 《주은래》와 《자유를 향한 머나먼 길》을 꼽았다. 뒤이어 《노동 없는 민주주의의 인간적 상처들》과 《남한산성》을 서가에서 꺼냈다. 이번 장에서는 네 권의 책에서 얻은 그의 통찰을 엿듣는다. 2014년 11월 경향신문에 그가 연재한 〈김부겸의 내 인생의 책〉을 일부 인용했다.

1

자유를 향한 머나먼 길 넬슨

만델라 지음, 김대중 옮김

1963년 넬슨 만델라는 정부 전복 혐의로 백인 정권에 의해 체포되었다. 종신형을 선고받고 정치범 수용소에서 27년을 보냈다. 영어圇圄의 몸으로 그는 아파르트헤이트(인종 차별 정책)에 계속 저항했다. 만델라는 오직 흑인 인권을 위해 투쟁하지 않았다. 다만 진정한 자유를 위해 투쟁했다. 그는 인종 분리 정책이 흑인을 탄압하는 동시에 편견과 편협의 창살에 백인을 가두고 있다고 생각했다. 투옥 기간이 길어질수록 그의 위상은 올라갔고 남아프리카공화국 정부가 받는 국제적 압박도 거세졌다.

1990년 마침내 그는 석방된다. 이듬해 아프리카민족회의(ANC) 의장으로 선출되어 백인 정부와 협상을 벌였다. 그는 흑인 극단주의자들과 백인 정부의 분쟁을 조율해 마침내 350여 년간 지속되어 온 아파르트헤이트를 철폐했다. 이런 공로를 인정받아 1993년 노벨 평화상을 수상한다. 그리고 1년 뒤 남아공 최초의 흑인 대통령이 된다.

대통령이 된 만델라는 '진실과 화해 위원회'를 설치해 과거에 흑인을 탄압한 이들을 용서하고 화해했다. 진실을 고백하고 뉘우치면 경제적 보상까지 했다. 이런 노력으로 2만여 건의 인권 유린 사건이 밝혀졌다. 만델라는 아파르트헤이트 시절의 국가 폭력 피해자들이 영원히 잊히지 않도록 무덤에 비석을 세웠다. 만델라는 흑인과 백인 모두를 위해 저항했고 기어이 그들을 해방시켰다.

고故 김대중 대통령이 번역한 《자유를 향한 머나먼 길》에서 김부겸은 화해와 상생의 정치를 배웠다. 만델라가 투쟁한 대상은 백인이 아니라 흑백 차별이었다. 만델라는 투쟁의 순간마다 공동체의 이익을 먼저 생각했다. 용서와 화해는 여기에서 비롯되었다. 우리 정치도 그래야 한다고 김부겸은 믿는다.

2

노동 없는 민주주의의 인간적 상처들

최장집 지음

최장집 고려대 명예교수가 다양한 노동 현장을 답사하고 썼다. 저자가 만난 일용직 노동자, 봉제 공장 노동자, 시장 노동자, 청년 노동자의 삶에 정당은 없었다. 노동자들은 저마다 먹고살기 힘들다고 했지만 그들의 절박한 목소리를 대변할 창구는 없었다. 저자는 우리에게 묻는다. 사회 다수를 이루는 노동자의 목소리가 배제된 지금, 대한민국 민주주의는 어디에 있는가.

과거 정치적 민주화를 위해 투쟁하면서 우리 국민은 정치적 자유와 함께 공정한 분배가 이루어지는 사회를 기대했다. 그러나 민주화 이후 노동자들은 자본에 종속되어 휘둘리게 되었다. 저자는 노동자를 대표하는 진보 정당의 부재를 원인으로 꼽는다. 그 기저에는 학생 운동 출신 엘리트가 있다. 정계로 진출한 그들은 사회적 약자를 위한 실제적 기여가 없었다. 추상적이고 이념적인 구호만 존재했다. 도덕적 우월 의식에 사로잡힌 엘리트 정치 집단과 저자가 만난 노동자 집단의 현실적 거리는 너무 멀었다. 그사이 자본주의는 '노동'과 '노동자'를 집어삼켰고 '노동 없는 경제', '노동 없는 시장'이 형성되었다. 사회의 근간을 이루는 노동이 배제되면 민주주의와 경제도 위태로워진다. 이제라도 노동자의 인간적 상처들을 보듬어야 한다.

'정치는 결국 국민이 먹고사는 문제를 해결해야 한다. 그것이 진정한 민주주의다'라는 저자의 말에 김부겸은 죽비를 맞은 듯 뜨끔했다. 그리고 인생의 길잡이이자 빈민 운동의 대부였던 고故 제정구 선생을 떠올렸다. 40년 전 제정구는 정치가 가난한 이들의 희망이 되어야 한다고 했다. 노동자와 빈민을 위해 살다 간 제정구가 그에게 남긴 과제를 상기했다. 국민의 먹고사는 문제를 해결하지 못하는 정치는 정치가 아니다.

3

남한산성

김훈 지음

1636년 병자년 겨울, 남한산성에서 벌어진 사투를 그렸다. 청淸의 침략에 조선은 속수무책이었다. 인조와 신하, 백성은 한양 도성을 버리고 남한산성으로 피난을 갔다. 청군에 둘러싸인 성 안에서 47일을 버티며 주전파와 주화파는 대립했다. 죽어서 살자는 말과 살아서 죽자는 말이 허공에서 부딪혔고 두 말의 차이를 알지 못하는 임금은 어느 편도 들 수 없었다. 무수한 말들이 뒤엉켜 형태를 알아볼 수 없었고 임금은 그저 '말이 어지럽다', '말이 괴이하다'고 말할 뿐이었다.

물러설 곳 없던 조정은 결국 투항했다. 임금은 청 태종에게 세 번 절하고 절할 때마다 세 번 이마를 찧었다. 조정이 빠져나간 산성에 다시 봄이 찾아왔다. 백성은 들판에 똥물을 뿌리며 한 해 농사를 준비한다.

정치란 명분과 현실 사이에서 타협하고 조정해 나가는 과정이다. 충돌은 피할 수 없다. 민주주의의 역사가 깊은 서구 선진국에서도 정치인들은 명분과 현실을 놓고 치열하게 토론한다. 다만 우리 정치는 민생을 외면한 채 실익 없는 소모적 논쟁을 되풀이하고 있다. 현실을 배제한 명분론과 명분 없는 현실론이 부딪혀 요란스럽기만 한 것이다. 대중의 정치 혐오도 여기에 기인한다.

내리 3선을 한 수도권의 지역구를 내려놓고 여당의 텃밭 대구로 갈 때 김부겸은 명분과 실리 사이에서 갈등했다. 마음으로는 이미 결정을 내렸지만 선뜻 실행에 옮길 수 없었다. 그때 기억난 책이 《남한산성》이었다. 47일간 산성을 떠돌던 비루하고 허망한 말들과 백성의 실제적 삶이 떠올랐다. 고민 끝에 그는 말이 아닌 실천의 정치를 택했다. 그러자 마음이 홀가분해졌다.

4
주은래

딕 윌슨 지음, 한영탁 옮김

1931년 일본은 만주를 점령했다. 일본군은 동북 3성을 장악하고 괴뢰 국가인 만주국을 세웠다. 중국인들은 격렬히 저항했지만 국민당 총사령관 장제스(蔣介石·장개석)는 항일 투쟁에 적극적으로 나서지 않았다. 중국 공산당과의 싸움이 끝나지 않았기 때문이었다. 1936년 일본의 중국 침략이 가속화되자 동북군 사령관 장쉐량(張學良·장학량)은 서안西安에 머물고 있던 장제스를 찾아가 항일을 간언했다. 장제스는 공산당 토벌이 먼저라며 일축했다. 일본군에게 아버지와 아들을 잃은 장쉐량은 무력으로 장제스를 체포하기에 이른다. 동북군과 서북군의 수많은 장성들은 장제스의 처형을 주장했다. 장쉐량은 공산당 인사들을 불러 상의하기로 했다. 공산당은 저우언라이(周恩來·주은래)를 수반으로 하는 대표단을 서안에 파견했다. 저우언라이와 장제스는 긴 협상 끝에 국공 합작을 통해 항일 운동에 나서기로 합의했다.

재야 운동 시절 김부겸은 《주은래》를 접했다. 그때만 해도 저우언라이의 행동을 이해할 수 없었다. 정적인 장제스를 제거하고 장쉐량과 힘을 합치면 국민당은 분열될 것이고 공산당 혁명 세력은 급속히 강화될 것이었다.

이듬해 김부겸은 저우언라이가 이해되기 시작했다. 1987년 6월 항쟁으로 대통령 직선제를 얻어 냈지만 그해 12월 대선에서 양김 분열로 정권 교체는 이루어지지 않았다. 국민이 만들어 낸 기회를 정치가 걷어차 버린 것이다.

저우언라이는 공동체의 이익을 위해 적과 타협했다. 그래서 국민을 설득하고 단결시킬 수 있었다. 투쟁만으로는 얻을 수 없는 많은 것들을 협상을 통해 얻었다. 김부겸은 아직 정치의 가능성을 믿는다. **b**

지역주의가 한국정치의 근원적 균열이자
망국적 병폐인 것은 물론이거니와 특히 나 같은
경계인에게는 정말 엄청난 고통이자 거대한 장벽으로
작용했다. 그렇게 지역주의라는 악연과 두고두고
싸워온 투쟁사가 바로 나의 개인사이기도 하거니와
대한민국 야당 민주당의 역사이기도 했다.

－《나는 민주당이다》中

THE NATION'S POLITICAL REGIONALISM IS AN UNDERLYING
SOCIAL FISSURE AND A RUINOUS ILL TO KOREAN POLITICS. IT HAS
AFFECTED ME, A MARGINAL MAN, NOT ONLY BY BEING A MASSIVE
POLITICAL OBSTACLE, BUT ALSO BY CREATING AN INTENSE PAIN.
THIS RELATIONSHIP WITH POLITICAL REGIONALISM HAS BECOME
MY OWN STRUGGLE IN OUR DEMOCRATIC HISTORY. IF I MAY BE SO
BOLD TO SAY, THIS VENTURE ALSO BECAME THE HISTORY OF THE
DEMOCRATIC PARTY THE FOREMOST OPPOSITION PARTY IN THE
REPUBLIC OF KOREA. - FROM 《I AM THE DEMOCRATIC PARTY》

단선적 투쟁과 대립에서는 해법을 찾을 수 없다.
공동체 전체의 이익이나 비전에는 관심이 없고
오로지 지역 패권만 찾아 몰려다니는
지역주의 정치 구도에서는 희망이 없다.
나는 이런 문제들이 해결될 때까지 혼자만이라도
끝까지 싸울 각오가 되어 있다.

– 《나는 민주당이다》 中

THIS CRUCIAL PROBLEM CANNOT BE RESOLVED BY A LINEAR
STRUGGLE AND CONFLICT. IN FACT, DEEP-ROOTED POLITICAL
REGIONALISM ONLY CREATED A RIVALRY FOR REGIONAL
HEGEMONY. THIS SHOULD GIVE WAY TO REGIONAL COOPERATION
AND PROSPERITY AND, THEREFORE, COMMUNITY-WIDE BENEFITS.
THERE IS NO HOPE UNDER THIS NATION'S CHRONIC POLITICAL
REGIONALISM. I WILL CONTINUE TO SEEK WAYS TO END DEEP-
ROOTED POLITICAL REGIONALISM UNTIL IT HAS FADED COMPLETELY
OUT OF VIEW. - FROM 《I AM THE DEMOCRATIC PARTY》

저는 지금 지역주의, 기득권, 과거라는
세 개의 벽을 넘으려 합니다.
그 벽을 넘기 위해 대구로 가고자 합니다.
– 2011년 12월 15일, 대구 출마 선언문

NOW, I DECIDED TO BREAK OUT OF THE OLD HABITS OF
REGIONALISM, VESTED RIGHT AND PAST TIME. I MUST BREAK
OUT OF OUR HISTORICAL MOLD; I AM HEADING FOR DAEGU.
- DECLARATION OF HIS CANDIDACY FOR DEAGU IN THE 19TH
GENERAL ELECTIONS ON DECEMBER 15TH 2011.

경기도 군포를 떠나 대구로 올 때 많이
두려웠습니다. 주변의 만류도 많았습니다.
그러나 저는 더 이상 정치를 직업으로 삼는
국회의원이 되고 싶지 않았습니다.

－2014년 3월 24일, 대구시장 출마선언문

I WAS AFRAID WHEN I LEFT GUNPO, GYEONGGI-DO TO DAEGU.
MANY PEOPLE ATTEMPTED TO DISSUADE ME FROM LEAVING. I
TOOK THIS STEP BECAUSE I NO LONGER WANTED TO BE A CAREER
POLITICIAN WITHOUT CONSIDERING MY CITIZENS. - DECLARATION
OF CANDIDACY FOR DAEGU MAYOR ON MARCH 24TH 2014

BIOGRAPHICAL DICTIONARY

김근태(1947~2011) 1960년대 손학규, 조영래와 함께 학생 운동을 주도했다. 1985년 민청학련 사건으로 2년간 복역했다. 1996년 15대 총선에서 당선된 뒤 17대까지 국회의원을 지내며 보건복지부 장관, 열린우리당 의장, 통합민주당과 민주통합당 상임고문을 역임했다. 2011년 뇌정맥혈전증으로 세상을 떠났다.

김영춘(1961~) 고려대 총학생회장으로 민주화 운동을 주도했다. 김영삼 총재의 비서로 정치에 입문해 청와대 정무비서관을 지냈다. 2003년 김부겸, 안영근, 이부영, 이우재 의원과 함께 한나라당을 탈당해 열린우리당을 창당했다. 열린우리당 서울시당위원장, 원내수석부대표, 비상집행위원 등을 역임했다.

김원기(1937~) 연세대 정치외교학과를 나와 동아일보에서 기자 생활을 했다. 1979년 신한민주당 국회의원으로 정계에 입문했다. 평화민주당, 민주당을 거쳐 1997년 대선 직전에 노무현, 김정길 등과 함께 새정치국민회의에 입당했다. 2003년 열린우리당 창당준비위원장을 맡았고 17대 국회 전반기 국회의장을 지냈다.

김정길 (1945~) 부산대학교 총학생회장 출신으로 12대 총선에서 당선되며 정계에 입문했다. 3당 합당 이후 부산에 7차례 출마해(국회의원 6회, 시장 1회) 모두 낙선했다. 김대중 정부에서 행정자치부 장관, 대통령 정무수석 비서관 등을 역임했다. 2013년 6월 5일 정계 은퇴를 선언했다.

손학규(1947~) 서강대 정치학과 교수로 재직 중이던 1993년, 김영삼의 권유로 정계에 입문, 14~16대 국회의원, 보건복지부 장관, 경기도지사를 역임했다. 2007년 한나라당 탈당 후 통합민주당을 창당했으며, 2010년에는 민주당 대표를 지냈다. 2014년 재·보궐선거 낙선 후 정계 은퇴를 선언했다.

안영근(1958~) 13대 대선에서 백기완을 지지하며 정치에 입문했다. 민중당 시의원, 통합민주당 국회의원에 낙선한 뒤 16대 총선에서 한나라당 소속으로 당선됐다. '국가보안법 폐지안' 발의 등과 같은 당 의원들과 갈등을 겪다가 2003년 김부겸, 김영춘, 이부영, 이우재 의원과 함께 한나라당을 탈당해 열린우리당을 창당했다.

유인태(1948~) 서울대 사회학과 졸업 직후인 1974년 민청학련 사건으로 사형 선고를 받고 4년 5개월을 복역했다. 14대 총선에서 당선되며 정치에 입문한 후 17대 열린우리당, 19대 민주통합당 국회의원으로 각각 당선됐으며, 노무현 정부에서 초대 정무수석비서관을 역임했다.

예춘호 (1927~) 민주공화당 발기인으로 정치에 입문해 6~7대 국회의원을 지냈다. 1969년 4·8 항명으로 당에서 제명된 후 10대 총선에서 무소속으로 당선, 신한민주당에 입당했다. 13대 대선에서 김대중이 불출마 약속을 어기고 독자 출마하자 조순형, 유인태 등과 한겨레민주당을 창당했지만 13대 총선에서 낙선했다.

원혜영(1951~) 서울대 재학시절 민주화운동에 참여, 수차례 제적당하고 복역했다. 풀무원 식품을 창업, 경영하다 1988년 한겨레민주당으로 정치에 입문했다. 이후 민주당, 국민통합추진회의 대변인을 거쳐 1997년 새정치국민회의에 입당했다. 현재 새정치민주연합 정치혁신실천위원회 위원장 겸 비상대책위원회 위원이다.

이강철 (1947~) 1974년 민청학련 사건으로 7년 6개월을 복역한 뒤 재야에서 활동했다. 1995년 민주당 당무위원으로 정계에 입문해 대구의 야당 정치인으로 활동했다. 노무현 정부에서 대통령비서실 시민사회수석비서관을 역임했으며, 대구 국회의원 재선거에서 44%의 득표율을 얻으며 선전했으나 낙선했다.

이기택 (1937~) 1960년 고려대 학생위원장으로 '자유당 부정선거 항의 학생운동'을 주도해 주목받았다. 1961년 민주청년회 경남위원장으로 정계에 입문한 뒤 1967년 신민당 소속 전국구 국회의원으로 당선됐다. 이후 신민당 사무총장과 부총재, 통일민주당 부총재, 옛 민주당 총재, 한나라당 총재 권한 대행, 새천년민주당 중앙선대위 상임고문 등을 지냈다.

이부영 (1942~) 동아일보 기자 시절 '동아자유언론수호투쟁위원회'를 결성, '자유언론실천선언'을 발표해 해직됐다. 재야인사로 활약하다 1990년 '꼬마 민주당'으로 제도권 정치에 입문했다. 민주당 분당 때 민주당에 잔류, 신한국당과 합당해 한나라당 소속이 됐으나 당내 보수 성향 의원들과 의견이 맞지 않았다. 2003년 김부겸, 김영춘, 안영근, 이우재 의원과 함께 탈당해 열린우리당을 창당했다.

이우재 (1936~) 서울대 수의학과 출신으로 크리스천 아카데미에서 활동하다 1980년 국가보안법 위반 혐의로 수감됐다. 신한국당에 입당해 15대, 16대 총선에서 당선됐다. 2003년 한나라당 소장개혁파였던 김부겸, 김영춘, 안영근, 이부영 의원과 함께 한나라당을 탈당해 열린우리당을 창당했다.

제정구 (1944~1999) 1972년 청계천 판자촌에서 야학 교사로 빈민 운동을 시작해 빈민촌 강제 철거에 맞서 '복음자리 마을'을 세우는 등 도시 빈민의 정착을 도왔으며, 해외에서 공로를 인정받아 1986년 '막사이사이상'을 수상했다. 1988년 한겨레민주당을 창당해 정치에 입문했다. 14대, 15대 총선에서 당선되었고, 1995년 민주당 분당 때 민주당에 잔류, 국민통합추진회의를 결성해 사무총장을 맡았다.

조순형 (1935~) 12.12 사태로 정치활동 규제자가 된 형의 권유로 정치에 입문했다. 서울 지역 무소속으로 유일하게 1위로 당선, 이후 신한민주당 발기인으로 참여했다. 2002년 16대 대통령 선거에서 노무현 대통령 당선을 도왔지만, 이듬해 열린우리당 창당을 비판하며 새천년민주당에 잔류, 대표로 선출되었다. 이후 노무현 대통령 탄핵 소추안을 상정해 역풍으로 낙마했다.

홍사덕 (1943~) 중앙일보 기자 출신으로 11대 민주한국당 국회의원으로 정계에 입문, 신한민주당 대변인, 민주당 부총재 등을 역임했다. 1990년 '꼬마 민주당'에 참여했고 이후 통합된 민주당에 합류한다. 1995년 김대중 정계 복귀 후 새정치국민회의에 합류하지 않고 무소속으로 활동하다 2000년 한나라당에 입당했다. 2004년 한나라당 원내총무로서 노무현 대통령 탄핵 소추안을 통과시켰다.

REFERENCE

경희대 인류사회재건연구원, 《우리 사회의 경계 어떻게 긋고 지울 것인가》, 아카넷, 2008.

김기도, 《정치커뮤니케이션 실제》, 나남, 1987.

김부겸, 《나는 민주당이다》, 미래인, 2011.

김부겸·고기석, 《캠페인 전쟁, 2012》, 폴리테이아, 2011.

김소영, 《트랜스: 아시아 영상문화》, 현실문화연구, 2006.

김영명, 《대한민국 정치사 : 민주주의의 도입, 좌절, 부활》, 일조각, 2013.

김훈, 《남한산성》, 학고재, 2007.

넬슨 만델라(김대중 譯), 《자유를 향한 머나먼 길》, 두레, 2006.

딕 윌슨(한영택 譯), 《주은래》, 한길사, 1985.

모리 야스로(박성수 譯), 《한국 정치와 지역주의》, 모시는 사람들, 2012.

박상훈, 《만들어진 현실 : 한국의 지역주의, 무엇이 문제이고 무엇이 문제가 아닌가》, 후마니타스, 2013.

발레리 케네디(김상률 譯), 《오리엔탈리즘과 에드워드 사이드》, 도서출판 갈무리, 2011.

부산대 한국민족문화연구소, 《차이와 차별의 로컬리티》, 소명출판, 2013.

브루스 뉴만(김충현·이수범 譯), 《대통령 선거 마케팅—클린턴의 캠페인 전략과 정치 마케팅》, 2000.

서경식, 《경계에서 만나다: 디아스포라와의 대화》, 현암사, 2013.

서경식, 《디아스포라 기행—추방당한 자의 시선》, 돌베개, 2006.

송두율, 《경계인의 사색》, 한겨레신문사, 2002.

심지연, 《한국정당정치사 위기와 통합의 정치》, 백산서당, 2013.

에드워드 사이드(김성곤·정정호 譯), 《문화와 제국주의》, 도서출판 창. 2011.

에드워드 사이드(박홍규 譯), 《오리엔탈리즘》, 교보문고, 2003.

윤신향, 《윤이상 경계선상의 음악》, 한길사, 2005.

이갑윤, 《한국의 선거와 지역주의》, 오름, 1998.

이기흥, 《선거와 정치광고》, 나남, 1987.

이수자, 《내 남편 윤이상—상》, 창작과 비평사, 1998.

최영진, 《한국 지역주의와 정체성의 정치》, 오름, 1999.

최인훈, 《광장/구운몽》, 문학과지성사, 2008.

최장집, 《노동 없는 민주주의의 인간적 상처들》, 후마니타스, 2013.

캐슬린 홀 재미슨(원혜영 譯), 《대통령 만들기》, 백산서당, 2002.

한국민족문화대백과사전, 〈동백림 사건〉

휴먼스토리, 《문재인 스타일》, 미르북스, 2011.

김재한, 〈비교정치적 관점에서 본 지역주의〉, 《청대학술논집》, 2007. 2.

안철흥, 〈재야출신 작은 거인 9인의 총선 출정가〉, 《말》, 1996. 2.

최원식 외, 〈영남 지역주의의 극복, 그 진단과 전망 : 영남은 21세기 한국의 타자(他者)인가?〉,
《황해문화》, 2004년 가을
백일현·홍상지, 〈'노동당은 일하지 않는다'… 대처의 네거티브 전략 결정판〉, 《중앙SUNDAY》, 2012. 7. 8.
신동호, 〈[긴조 9호세대 비화]삼청공원 화장실의 6인 결사대〉, 《주간경향》, 2004. 9. 13.
신동호, 〈[긴조 9호세대 비화](37)'관악대첩' 아크로폴리스의 해방구〉, 《주간경향》, 2004. 9. 24.
이나리, 〈오바마의 비밀병기 … 두 차례 대선 승리 프로그래밍〉, 《중앙SUNDAY》, 2014. 12. 7.
이숙이, 〈3040 리더 시리즈/김부겸 의원〉, 《시사저널》, 2004. 5. 4.
이원재, 〈선거 홍보물 속의 마케팅 전략〉, 《한겨레21》, 2007. 12. 20.
강희철·전종휘, 〈피 뿌리다가 명동택 받고 꽃병을 날려라〉, 《한겨레》, 2007. 6. 13.
권영준, 〈여야 정권교체 그리고 다시 국회로〉, 노무현사료관, 2012. 10. 26.
권호·이지상, 〈'지역구도 타파' 동지 김부겸·이정현의 우정〉, 《중앙일보》, 2014. 8. 9.
김기성, 〈한국정당실록 60년―이부영〉, 《폴리뉴스》, 2009. 3. 25.
김성곤, 〈모순적 세상 타파하기 위해 경계인의 삶을 산 비평가…그는 '지성적 아웃사이더'〉,
《조선일보》, 2013. 4. 13.
민동용, 〈[O2/내 인생을 바꾼 순간]김부겸 "지난 총선 때 대구 시민들, 왜 그런 당에 있냐며…"〉,
《동아일보》, 2012. 6. 2.
이영호, 〈2000년 김부겸 국회의원 탄생 비화〉, 《군포신문》, 2013. 10. 7.
이제훈, 〈윤이상, '거장'은 과연 조국에 돌아왔는가〉, 《한겨레》, 2005. 12. 31.

PHOTO CREDITS AND CAPTIONS

ENDPAPERS
1987년 여의도 광장 김대중 대통령 후보 유세장에서 민통련 대표 자격으로 지원 연설하는 김부겸

IMPRESSION
P.12-15 PHOTOGRAPH BY LEE MINJI

UNDERSTANDING
P.24 3·15 부정선거 규탄 행진중인 시민들, 경향신문·민주화운동기념사업회

P.25 1961년 5·16 군사정변 직후, 조선일보

P.26 1971년 제7대 대통선 선거 벽보, 중앙일보

P.27 현장에서 사건을 재현하는 김재규, 경향신문·민주화운동기념사업회

P.28 금남로에서 공수부대와 투석전을 벌이는 광주시민들, 경향신문·민주화운동기념사업회

P.29 행사장에서 만난 김영삼과 김대중, 연합뉴스

P.30 3당 합당 반대 시위하는 시민들, 박용수·민주화운동기념사업회 3당 합당 발표, 조선일보

P.31 1971년 김대중 대통령 후보 유세 현장

P.32 노무현 대통령 제59주년 광복절 경축식 참석, 연합뉴스 / 노무현 대통령 탄핵 반대 촛불집회, 조선일보

P.33 이명박 대통령 G20 정상회의 기자회견, 대한민국 국군 제공

박근혜 대통령과 시진핑 중국 국가 주석 공동 기자 회견, 해외문화홍보원 제공

PORTRAITS
P.36-37 2003년 국회 본회의장에서

P.38-39 2010년 국회 대정부질문

P.40 2006년 국회 대정부질문

P.41 2009년 국회 본회의장에서

P.42-43 2005년 국회 본회의장에서

BIOGRAPHY
P.44-45 김부겸 서재에서, PHOTOGRAPH BY KIM GYEONGDU

P.46 1987년 여의도 광장 김대중 대통령 후보 유세장에서 민통련 대표 자격으로 지원 연설하는 김부겸

P.48 대학 시절

P.50 80년대 중반 출판문화운동협의회 활동 시절

P.52 재야 단체, 평민당, 민주당의 3단체 대표 첫 회동을 위한 모임에서 노무현과 함께,
박용수·민주화운동기념사업회

P.54 1992년 김대중 대통령 후보 유세 연단에서

P.56 1995년 11월 22일, 서갑원, 여익구, 이상수, 제정구, 천호선 등과 함께

ISSUE 1
NOV DEC 2014
LEE O-YOUNG

이어령 李御寧

바이오그래피 매거진 창간호에서는 이어령 선생을 만났습니다. 이 선생은 평론가, 산문가, 소설가, 시인, 언론인, 교수, 행정가 등 다방면에서 활동하며 탁월한 업적을 남겼습니다. 한국의 대표 석학, 시대의 지성, 말의 천재로 불리기도 합니다. 여든이 넘은 노학자는 아직도 하루를 분초로 쪼개어 바쁘게 지내고 있습니다. 젊은 시절부터 이 선생은 저녁 이후는 약속을 잡지 않고 독서와 집필에 전념했습니다. 그렇게 60년을 살았습니다. 200권이 넘는 저작들은 서재에서 홀로 보낸 저녁들에 쓰였습니다. 하나의 목적을 위해 반세기 넘게 열중하는 사람을 당해 낼 방법은 얼마 없습니다. 바이오그래피 매거진은 이 선생에게 덧씌워진 천재라는 프레임을 부수고 서재에서 그가 홀로 보낸 시간들을 조명하려 노력했습니다. 애초 바라던 결과가 나왔는지는 장담할 수 없지만 적어도 서재에 앉은 그의 뒷모습을 발견할 수 있으리라 믿습니다. 이어령 선생은 내일을 사는 사람입니다. 그에게 세상은 부재의 표상입니다. 이어령을 읽어야 할 이유가 여기에 있습니다.

정기 구독 안내 정기 구독을 하시면 정가의 10% 할인 및 행사 초청 등의 혜택을 받으실 수 있습니다. 구독 기간 중 저희 출판사에서 발행되는 단행본 한 권을 함께 보내드립니다. 아래 계좌로 구독료를 입금하신 뒤 전화나 메일로 도서를 받으실 주소와 이름, 연락처를 알려주십시오. 결제일 기준으로 다음 호부터 잡지가 발송됩니다.

• 1년 81,000원(10% 할인)
• 1년 6회 발행(홀수 달)
• 신한은행 100-030-351440
• 예금주 ㈜스리체어스

구독 문의 02-396-6266
CONTACT@BIOGRAPHYMAGAZINE.KR